SCHWENDTERS KOCHBUCH

Rolf Schwendter

Schwendters

Rezepte für eine andere Küche

Kochbuch

Die Deutsche Bibliothek – CIP-Einheitsaufnahme
Schwendter, Rolf:
[Kochbuch] Schwendters Kochbuch. – Veränderte Neuaufl.
– Wien : Promedia, 1997. – 216 S. : Ill.
ISBN 3-85371-119-7
  NE: GT

© 1997 Promedia Druck- und Verlagsgesellschaft m.b.H., Wien
Alle Rechte vorbehalten
Umschlaggestaltung: Gisela Scheubmayr & Johannes Berthold
Illustrationen: Mascha Grüne
Druck: WB-Druck
Printed in Austria
ISBN 3-85371-119-7

INHALT

Der Autor

Rolf Schwendter, geboren 1939, wuchs in Wien auf. Hier studierte er Theaterwissenschaften, Jus und Soziologie. An der Fachhochschule Kassel hat der als unkonventioneller Denker bekannte Schwendter einen Lehrstuhl für Devianzforschung inne. Berühmt geworden ist sein erstmals 1971 erschienenes Werk »Theorie der Subkultur«. Im Promedia-Verlag kam 1995 sein Buch »ARME ESSEN – REICHE SPEISEN. Neuere Sozialgeschichte der zentraleuropäischen Gastronomie« heraus. Neben seinem Wirken als Philosoph machte sich Schwendter als Literat, Musiker, Schauspieler und Koch einen Namen.

1. Vorwort

Gar nicht so selbstverständlich ist es in Zeiten wie diesen, daß ein Buch seine 2. Auflage erfährt. Vielleicht mag es ja seinem Sujet geschuldet sein, das doch immer wieder Personen dazu einlädt, für andere Personen Essen zuzubereiten und es ihnen aufzutischen. Dabei war schon die 1. Auflage, auf ihre Weise, belastet: Auch »Schwendters Kochbuch« war nicht dazu imstande (nicht einmal im Verein mit Ernest Mandels »Soziologie des Kriminalromans«), den bewährten Kochbuchverlag »athenäum« vor dem unverdienten Schicksal des Konkurses zu bewahren ...

Schon aus Kostengründen erfolgt die 2. Auflage von »Schwendters Kochbuch«, von diesem Vorwort abgesehen, unverändert. Oder besser: so gut wie unverändert – den vielfältigen Anregungen und Kritiken bezüglich der 1. Auflage habe ich insofern Folge geleistet, als ich mich entschlossen habe, zur Verbesserung der Benutzbarkeit (ich meine hier die neben dem Herd) ein alphabetisches Register anzuschließen. Dieses Manko wurde mir bewußt, als ich eilig ein Rezept nachschlagen wollte (Zwiebel und Knoblauch begannen bereits, im Topf Farbe anzunehmen) – und es im eigenen Kochbuch nicht in der erhofften Schnelligkeit fand. Da ich Vergleichbares auch häufig von anderen Benutzenden des Kochbuchs hörte, diese Ergänzung.

Eine andere Ergänzung, die allerdings im Verbalen verbleibt, ist an dieser Stelle noch anzuschließen: Gelegentlich, schätzungsweise fünfmal, ist im Text davon die Rede, daß ein bestimmtes Rezept ausnahmsweise von mir noch nicht ausprobiert worden sei (zum Beispiel galt dies für die »Tripes à la mode de Caën«, die Kutteln auf normannische Art): Da inzwischen einige Jahre ins Land gegangen sind, mag Folgendes als nicht überflüssig erscheinen: Alle diese Hinweise haben zwischenzeitlich nur noch historischen Charakter. Im Klartext: Sämtliche im Buch angeführten Rezepte sind, zumindest in einer Variante, von mir persönlich ausprobiert worden.

»Schwendters Kochbuch« stellt eine Momentaufnahme dar. Dem diesbezüglich strukturalistischen Ansatz der »Theorie der Subkultur« folgend, gehe ich in den Theorieteilen davon aus, welche Haupttendenz und welche Gegentendenzen im Ist-Zustand vorfindbar sind. In etwa handelt es sich hier um eine zeitgeschichtlich feststellbare Entwicklung ab ca. 1970. Diese Feststellung bedarf allerdings zwischenzeitlich einer bezeichnenden Ergänzung:

Dank der Initiative des Verlags »Promedia« (bei welchem nunmehr auch jene 2. Auflage von »Schwendters Kochbuch« erschienen ist, die Sie gerade aufgeschlagen haben) wurde 1995, gleichsam nachholend, jener historische Band herausgebracht, der in »Schwendters Kochbuch« fehlt. Der Band heißt »ARME ESSEN – REICHE SPEISEN« und befaßt sich mit der Sozialgeschichte von Gastronomie in Zentraleuropa. (Dies bedeutet fraglos eine – wenn auch notwendige – Einschränkung. Wenn es im vorliegenden Buch von indonesischen oder französischen Ursprungsrezepten nur so wimmelt, wie auch immer diese in ihren Varianten dann verändert worden sein mögen, konnte – und sollte – es dennoch nicht geleistet werden, die historischen Grundlagen und ihre Erörterung weltweit auszudehnen.) Beginnend mit den Tendenzen des 18. Jahrhunderts (dem allmählichen Übergang von Getreidebreien und Gemüsemusen zur Kartoffel, der regionalen Ausdifferenzierung in Brei-, Kartoffel- und Brotregionen, den grundlegenden Abhängigkeiten beinahe aller Essenden von den Begrenzungen durch Region und Jahreszeit ...), wird die Herausentwicklung der »großen« bürgerlichen Küche ebenso skizziert wie die exemplarische Darstellung regionaler Arme-Leute-Küchen.

Erstere reicht von den gastrosophischen Schriften eines Hufeland oder Rumohr (die auch im vorliegenden Buch repräsentiert sind) bis zu den großen regionalen

Kochbüchern (Davidis, Prato, Rettigova, Rézi néni, um wiederum nur einige zu nennen).

Diese kulminieren schließlich im Appetitlexikon der Herren Habs und Rosner (aus dem Wien des Jahres 1894), in welchem die Weltmarktküche – noch ohne Strukturalisierung – zu ihrem Höhepunkt gelangt: als strahlende, weltweit orientierte, klassen(selbst)bewußte Küche des Fin-de-siècle-Bürgertums.

Zweitere, die Arme-Leute-Küche, bekommt mit dem Weltmarkt nur ganz allmählich etwas zu tun (etwa über jenen Teil der »Armentrilogie«, der ganz langsam, von Eichel und Zichorie ausgehend, Züge des Kaffees tatsächlich anzunehmen beginnt), bleibt an die Bedingungen der Region und der Jahreszeit weithin gebunden. Und auch dies galt nur für die »reicheren Armen«, d.h. für jene, die überhaupt mit einiger Regelmäßigkeit zu essen hatten – von Festtagen abgesehen, blieb den »ärmeren Armen« Weltmarkt wie Region gleichermaßen äußerlich.

Und da nun das Stichwort »Festtage« gefallen ist: Der mit großer Wahrscheinlichkeit gültige Satz scheint jener zu sein, daß innerhalb der vier Syndrome (Zusammenhänge), in die ich die Vielzahl der über hundert real existierenden Klassenströmungen zusammengezogen habe, die Alltagsspeise der jeweils nächst oberen Klassenströmung zur Festtagsspeise der jeweils nächst unteren Klassenströmung wird.

Dies beginnt damit, daß die »armen Armen« an Festtagen überhaupt zu essen haben. Die »reichen Armen« adoptieren an ihrem Festtag die Alltagsspeisen der »armen Reichen«, es stehen beispielsweise Fleischspeisen auf ihrem Tisch. Die »armen Reichen« wiederum essen ausschließlich an Festtagen das, was bei den »reichen Reichen« Bestandteil des Alltagslebens zu sein scheint.

Hierbei gibt es, im 19. und frühen 20. Jahrhundert, selbstredend bedeutende regionale und jahreszeitenspezifische (oft mit religiöser Symbolik überhöhte) Unterschiede. (Dies war auch einer der Gründe dafür, daß ich die zentraleuropäischen Regionen im einzelnen durchzugehen bemüht war.) Zum einen forcierten die Notwen-

digkeiten herkömmlicher Konservierungschancen etwa die karnivorische Entäußerung des Faschings, Karnevals (oder wie auch immer) mit den Bauernschmäusen, dem Schmalzgebackenen (z.B. den ursprünglichen Krapfen), gefolgt von jenen sechs Wochen Fastenzeit, der Zeit für das Heranwachsen der ersten Lämmer, Schweine, Eier etc. einerseits, andererseits glücklich ergänzt durch jene Verfügbarkeit an frischgefangenen Fischen, die die Gefahr einer Fischvergiftung außerordentlich minimierten (Februar, März und April waren nun einmal dezidiert Monate »mit r«).

Zum anderen fällt es besonders in der jüdisch-galizischen Küche auf, daß eine kräftige Differenz zwischen Alltagsspeisen und Festspeisen ausdrücklich gewollt war (wobei, nebenher, meine Gewährsperson, Salcia Landmann, ausdrücklich betont, daß die gastronomischen Unterschiede zwischen – ärmeren – jüdischen und polnisch-katholischen Galiziern, wo nicht den mosaischen Speisegesetzen geschuldet, gar nicht so groß waren): Auch wenn der Speisezettel unter der Woche ausgesprochen elend war – am Sabbat durften bei den Festessen mindestens sechs Gänge, begleitet von zweierlei Alkohol, nicht fehlen. (Auch hier, wie an vielen anderen Stellen, stellen sich implizite Zusammenhänge zwischen »ARME ESSEN – REICHE SPEISEN« und »Schwendters Kochbuch« her – einige dieser schlichten Festspeisen, wie Eierzwiebel, gehackte Leber und Tscholent, sind, von mir nachgekocht, entsprechend ins Kochbuch aufgenommen worden).

Die Strukturalisierung und Internationalisierung der Küche beginnt bereits im 19. Jahrhundert – sie erreicht bislang im 20. Jahrhundert ihren Höhepunkt (allerdings verheißt die gentechnologische Debatte nichts Gutes: zu befürchten ist, daß die Main-Stream-Küche im 21. Jahrhundert noch deformierter, noch kostengünstiger und gleichzeitig geschmacksindifferenter sein wird). Alle die Erfindungen, die im einleitenden Kapitel von »Schwendters Kochbuch« nur noch summarisch als festgeschriebenes Ergebnis eines Prozesses aufgelistet werden, sind mit ihren Entstehungsdaten im einzelnen festgehalten.

Dabei sind es oft mikrologische Entwicklungen, deren Folgen (und seien sie hegemonietheoretisch) die Tendenzen zur Weltmarktstrukturküche fördern. Der nationalsozialistische Eintopfsonntag hat großen Teilen zweier Generationen die Lust am Eintopf verleidet (und dies derart, daß real nicht nur existierende, sondern auch immer wieder gegessene Eintöpfe, wie etwa Bouillabaisse, Borschtsch, Ollapotrida etc., nur nicht als solche bezeichnet werden dürfen).

Die Gleichmachung der adoptierten Teile ursprünglich »auswärtiger« Küche (von »ausländisch« in diesem Kontext zu sprechen, wäre schon zu viel: schließlich war noch 1960 die – neapolitanische – Pizza in Venedig ebenso fremd wie in Deutschland oder Österreich) erfolgt, angesichts weithin vorherrschenden Gewürz-Einerleis, nicht ohne Grund unter dem Schlachtruf der Lust am Geschmack.

Schließlich ist die Rolle der beiden Weltkriege (diesbezüglich vor allem des ersten) nicht geringzuschätzen: Die hier grassierenden Kombinationen von Synthetisierungen und Surrogaten führen teils dazu, demgegenüber Tiefkühlkost, Fast Food etc. geradezu noch als sympathisch wahrzunehmen – wie denn auch die Konserven in den Care-Paketen eine gewisse Erleichterung darstellten –, teils dazu, die Essenden dafür zu gewinnen, und teils auch dazu, Bestandteile der Alltagsküche ersatzlos wegbrechen zu lassen. Nur beispielsweise sei etwa – die bei Karl Kraus bis hin zur parodistischen Kenntlichkeit entstellte – Chemisierung der Lebensmittel erwähnt, in der es von 1914 bis 1918 für alles einen Ersatz gab und dann auch womöglich noch einen Ersatz für den Ersatz. Zum anderen sei, ebenso exemplarisch, daran erinnert, daß die »Rübenwinter« – also die Ausschließlichkeit der Ernährung durch Wruken (Kohlrüben) und Vergleichbares – letztlich zur Folge hatten, daß in den davon betroffenen Regionen in Friedenszeiten Rüben gute vier Jahrzehnte lang vom Küchenzettel verschwanden. (Heute wagen sich wieder einzelne experimentelle Köche an ihre erneute Bereitung.)

Solcherart mündet die skizzierte Historisierung in jenen Ist-Zustand ein, der im vorliegenden Buch kursorisch geschildert ist.

Zum praktischen Teil muß ich mich nun erheblich kürzer fassen, muß vielmehr – neben den nun folgenden knappen Anmerkungen – allfällige entsprechende Schlußfolgerungen einem zweiten Kochbuch vorbehalten (und bei einem solchen Vorbehalt besteht immer die Gefahr einer Verschiebung auf den Sankt-Nimmerleins-Tag). Freilich hat die Veröffentlichung der 1. Auflage von »Schwendters Kochbuch«, wie dann später von »ARME ESSEN – REICHE SPEISEN«, dazu beigetragen, daß auch der praktische Anteil angestiegen ist. War ich es 30 Jahre lang gewohnt, zu Lesungen, Liederabenden, Tagungen und Podiumsdiskussionen eingeladen zu werden, kamen zunehmend Einladungen zu Kochaktionen hinzu. (Vereinzelt hatte ich vorher schon solche erhalten – siehe etwa im Schlußkapitel des vorliegenden Buches die Dokumentation des kleinen Hamburger Fourier-Essens.) Ein erweiterter Rezeptteil, den es im vorliegenden Kochbuch nicht geben wird, müßte etwa die Frankfurter Buchpräsentation von »ARME ESSEN – REICHE SPEISEN« ebenso enthalten wie die Innovation der Salzburger Präsentation. Im ersteren Falle handelte es sich um ein (den Umständen entsprechend, zudem auf kalte Küche beschränktes) kaltes Buffet, das sich vergleichend auf zwei Arme-Leute-Küchen, die nordhessische und die burgenländische, bezog – im zweiten Falle komponierte ich, im Sinne des genius loci, ein Salzburger Sorbet, das aus dem ortsüblichen Kräuterlikör, Pistazieneis (Zimteis wäre mir noch lieber gewesen) und Sekt bestand. (Die nächsten Einladungen zu vergleichbaren Kochaktionen liegen bereits vor. Hierzu kämen mindestens die neuen Erfahrungen aus einem Jahrzehnt Kochen im Sommer, aus diversen eher privaten Einladungen, aus Kochkladden, die seit 1987 wiedergefunden wurden, etc.)

Denn, dies wäre abschließend zu betonen, die Tendenz, daß die ehemaligen Arme-Leute-Speisen zu Delikatessen mutieren, wird sich weiterhin steigern – und dies umso

mehr, je mehr die Strukturalisierung des Weltmarkts fort-
schreiten wird. Und damit verlasse ich, ohne weitere ein-
leitende Worte, dieses Vorwort zur 2. Auflage.

Wien/Kassel, im März 1997
Rolf Schwendter

2. Die Weltmarktstrukturküche

Daß der jeweilige Entwicklungsstand der Gastronomie von dem der Ökonomie nicht abzutrennen ist, habe ich schon in der »Theorie zur Subkultur« zu skizzieren versucht. Zu offenkundig sind die Zusammenhänge zwischen der Küche des Apicins und der Sklavenhaltergesellschaft, den armseligen Leibspeisen mancher Regionen und der verelendeten Lage der dort lebenden Bauern, den »großen Stücken« und dem Feudalismus, dem tranchierten Braten und dem Bürgertum, den Eintöpfen und der Arbeiterklasse (und den Eintopfsonntagen und dem Faschismus). Aber um mich kurz zu fassen, will ich diese langfristige Entwicklung hintanstellen und, wie in den »Zukunfts«-Bänden, erst im 19. Jahrhundert beginnen:

Das 19. Jahrhundert ist nahrungsmittelgeschichtlich – und ich folge hierin den Untersuchungen von Günter Wiegelmann, Hans Jürgen Teuteberg und Roman Sandgruber – unter anderem durch die folgenden Entwicklungen gekennzeichnet: Industrialisierung; vorerst »definitive« Überwindung des Problems des Kalorienmangels; relativer Rückgang der Nahrungsmittelkosten im Rahmen der Gesamtlebenshaltungskosten; mit welchen regionalen Disparitäten auch immer, Zunahme des Kartoffel-, Weizen- und vor allem Zuckerkonsums, Abnahme des Hülsenfrüchte-, später auch des Roggenkonsums; bedeutender Stellenwert von Surrogaten (z.B. Margarine); weitgehende Dominanz der »Armentrilogie« (Wiegelmann) Kartoffel/Kaffee/Brot; hohes Ausmaß an Nahrungsmittelverfälschungen (z.B. Brotmehl durch Alaun); Bedeutungsverlust von Hafer und Buchweizen; allmähliches Ansteigen des Konsums von Fleisch, Obst, Gemüse, Milchprodukten; Entstehung einer Lebensmittelindustrie; Verstärkung der Rolle des Weltmarkts. Dabei vollzieht sich der industrielle, folglich kapitalintensive Anteil am Lebensmittel in drei Stufen: a) technische Behandlung, b) industrielle Produktion herkömmlicher Lebensmittel, c) Surrogate. Es ist nur noch erforderlich, etwa im Sinne von Reay Tannahill, aber auch von Francis Moore-Lappè und Joseph Collins, diese Liste durch das 20. Jahrhundert hindurch zu verlängern: Vordringen der ausgebleichten, ballaststoffarmen, denaturierten Lebensmittel bis hin zu ihrem, wie es Iwan Illich nennen würde, »radikalen Monopol«; Erstellung normierter, eher ästhetischen als diätetischen Normen unterworfener, Nahrungswaren; tendenzielle Monopolisierung pflanzlichen Saatguts und tierischen Gen-Bestands (ebenfalls bis hin zum »radikalen Monopol«); Ablösung der quasi-kriminellen Verfälschung (obgleich auch diese, siehe die österreichische Weinproblematik von 1985, noch vorkommt) durch die legistisch gefaßte Zunahme von Lebensmittelzusätzen – mit tendenziell gleicher Wirkung; Akkumulation und Konzentration von Lebensmittelkapitalen bis hin zu ihrer strukturbeherrschenden Wirkung auf der Ebene der Nachfrage; rigide weltweite Unterwerfung der Nahrungsmittelproduktion unter Grundsätze des Kosten-Nutzen-Prinzips. Die Folge all dessen ist die Herausbildung einer durchrationalisiert-vereinheitlichten Weltmarktküche, unter die unterschiedslos aus ihrem regionalen Kontext herausgerissene Nahrungsmittelversatzstücke subsumiert werden: faschierte Laberln und Pommes frites, Backfisch und Frühlingsrolle, Gyros und Mayonnaise, Bratwurst und Curry, Brathendl und Pizza. In diesem Sinne verflacht sich auch die scheinbare Vielfalt neu adaptierter nationaler Küchen (die schon ihrerseits zumeist von der regionalen Herkunft der Speisen abstrahiert haben) zur nur noch permutierbaren (d.h. die endliche Menge aneinandergereihter Speisen kombinierenden) Strukturküche. Noch die Negation dieser Art von vereinheitlichtem Essen äußert sich aus dieser Sicht als »Bio-Welle«, und der Zeitschrift »Kursbuch« zufolge denkt die Firma McDonalds laut darüber nach, ob sie nicht einen Salat mit »Bio-Dressing« in ihr Angebot übernehmen soll – aus Joghurtpulver und Honigpulver, versteht sich. Die voll syntheti-

18

sche Nahrung wäre der konsequente Schritt des 21. Jahrhunderts, wird auch in bestehenden Utopien (z.B. bei Bogdanow) oft genug vorweggenommen, bricht sich vorerst nur noch an den schwindenden Erdölvorräten – Herstellung und Verwendung des Soja-Fleisches (selbst noch klassisches Surrogat) deuten die Gestalt der Dinge, die da kommen könnten, überdeutlich an.

Da die gegenwärtige weltwirtschaftliche Situation durch weitere schrankenlose Akkumulation, insbesondere der multinationalen Konzerne, eine gewaltige Überproduktionskrise (und deren zukünftige »Bewältigung« durch einen weiteren großen Krieg oder technologische Innovationen) und immer weitergehende Rationalisierung gekennzeichnet ist, ergeben sich daraus eine Reihe von Folgerungen. Zum einen handelt es sich um eine zunehmende Verarmung einer Milliardenpopulation: zu den ohnehin schon verelendeten Bevölkerungen der Dritten Welt treten noch die anwachsenden Scharen der Arbeitslosen, Reallohngesenkten und in anderer Weise sozial Benachteiligten. Zum zweiten schreitet die Naturzerstörung immer weiter fort, begleitet von ökologischen Oppositionen und Rekonstitutionsversuchen (die auch in die Suche nach profitablen ökologischen Innovationen einmünden). Zum dritten schafft diese Entwicklung (in Verbund mit der einleitend angedeuteten tendenziellen Immaterialisierung des Reproduktionsprozesses) eine breite Zwischengruppierung all jener, die weder bei der Akkumulation mithalten können noch (schon) durch die Verarmung direkt bedroht sind – und die auch die Hauptzielgruppe der gastronomischen Entwicklung darstellen (und der, ich bin es sicher, sowohl der Autor dieser Zeilen wie auch der wohl überwältigende Teil der Leser/innen derselben angehören dürften). Naheliegend, daß sich die erwähnten Entwicklungen, wie oben angedeutet, auch in gastronomischer Hinsicht ausdrücken.

Die skizzierte Weltmarktstrukturküche macht den hegemonialen Hauptstrom dessen aus, was aus der anwachsenden Verarmung folgt. Ihr Wesen besteht, pointiert, darin, industrialisierte Lebensmittel kostengünstig aufzubereiten, standardisiert umzuformen und weltweit zu distribuieren. Es geht ihr dabei ähnlich wie dem sagenhaften König Midas: alles, was sie angreift, verwandelt sich zu Ramsch. Und er ist ja auch für arme Leute gedacht, die ihr unbefriedigtes Speisegefühl im Extremfall durch das Aufsetzen einer Papierkrone kompensieren dürfen. Wie oben aufgezählt, saugt sie zur unterschiedlosen Vermantschung traditionelle Arme-Leute-Essen und synthetische Industrielimonaden an sich, ehemalige bürgerliche Delikatessen und nationale Frühstücksgenüsse, Hausmannskost und exotische Arbeitsintensitäten, Abfallprodukte der Rohkostküche und lokale Versatzstücke und begräbt sie unter sich. Noch dazu ist sie nahezu unbegrenzt ausbaufähig, um weitere regionale Versatzstücke erweiterbar, vor allem durch die Instrumentarien der Kantinen-, Verpackungs-, Tiefkühl- und Konservenküche. Schon kommen (in Österreich) als nächste die Germknödel dran, schon können die ersten Generationen sich grüne Erbsen nur mit dem charakteristischem Beigeschmack von Aluminiumblech vorstellen, schon kann Gerd von Paczensky von einem jungen Mann berichten, der eine passable Tomatensuppe zurückgehen läßt, weil sie nicht genügend nach Tomatenketchup schmeckt. Der Zeitpunkt ist denkbar (wenn auch infolge der entgegenwirkenden Tendenzen wenig wahrscheinlich), an dem es keine Speise mehr gibt, die nicht bis zur Geschmacklosigkeit konserviert, nivelliert, zusammengeschrumpft sein wird.

Immanent gesehen, haben die Konservierungsverfahren (nicht unbedingt das Produkt) sich bedeutend verbessert und ausgedehnt und, da Vergleichbares für den weltweiten Transport gilt, die Verfügbarkeit der Lebensmittel ebenso verändert wie deren Inhalt. Es ist möglich geworden, wenngleich keinesfalls zu empfehlen, so gut wie ausschließlich von konservierten Nahrungsmitteln zu leben – wie auch über Jahrzehnte hinweg, um Walter Benjamin zu variieren, Konserven- und Tiefkühlkost die diesbezüglich unbearbeiteten Nahrungsmittel ihrer Aura entkleidet hatten, nicht ohne sowohl ihre eigne Re-Auratisierung voranzutreiben, wie spätestens Andy Warhols Darstellung von Campbells Tomatensuppe augenfällig machte, als auch die Re-Auratisierung der unbehandelten Lebensmittel, die seit einigen Jahren angebrochen zu sein scheint.

Gleichzeitig damit und mit dem (schon mit der Industriezuckerproduktion des 19. Jahrhunderts vorweggenommenen) chemisierten Synthetisierungsprozeß, der oben angedeutet wurde, geht ein immer noch kaum abgebremster agrarischer Konzentrationsprozeß Hand in Hand. Nicht nur, daß die »Bananenrepubliken«, ausgehend von jenen lateinamerikanischen Staaten, die sich, als ob sie Marx einen Gefallen damit tun wollten, als reine Überbauten der Latifundien der United Fruits (später United Brand) darstellten, zu einer allgemein üblichen Metapher geworden sind. Auch in Europa ist es noch keine zwei Jahrzehnte her, daß alle einschlägigen Experten, Sicco Mansholt von der Europäischen Gemeinschaft an der Spitze, vehement für die Schließung aller Bauernhöfe eintraten, die nicht mindestens 100 Hektar aufwiesen und selbstverständlich monokulturell arbeiteten. Hier sind nicht die sozialen und ökologischen Verheerungen von Interesse, die diese Position der treibhausförmigen Hervortreibung einer Agrarbourgeoisie zur Folge hatte – Stichworte wie Landflucht, Sozialbrache, Mondscheinbauer, Überdüngung, Artenausrottung, Bodenversalzung mögen hierfür genügen. Von Interesse hier ist jedoch die notwendig gleichzeitige Einschränkung der Gebrauchswerte, der Artenvielfalt, also des Geschmacks, der zum Einheitsrind, zum Einheitshuhn, zum Einheitsgetreide hin weitertreibt. Gleichzeitig wird, wie Krieg im Film »Septemberweizen« eingängig dargestellt hat, die Einschränkung der Artenvielfalt im großen Stile weiter fortgeführt. Gemeint ist die Konstruktion jener genetischen Pools, die, vorerst, die Produktion des Saatguts (in absehbarer Zeit wohl auch die Produktion der Nutztiere) monopolisiert, um einer nichtmonopolistischen Getreideproduktion so wenig Chancen wie möglich zu lassen. Auch hier ist es möglich, daß ökologische Katastrophen die Legitimationsbasis für ein solches Handeln herstellen.

Die Ergebnisse dieses Handelns bestehen zum einem in jenem, das von Wolfgang Fritz Haug als »Gebrauchswertversprechen« und von Baudrillard als »Simulacrum« bezeichnet worden ist. Ganz abgesehen vom gleichzeitig zunehmenden Überwiegen der Verpackung über den Inhalt oder von den Imageverlockungen der Werbung, hat jenes Huhn, das den teils zärtlichen, teils provokativen Namen »Gummiadler« trägt, mit jenem, das nach Heinrich IV. von Frankreich jede/r sonntags im Topf haben soll (und dessen Rezept in einem späteren Kapitel folgen wird), nur noch den Namen gemeinsam. Auch ist mir die wahre Geschichte eines Kindes aus den sechziger Jahren bekannt, für das »Fisch« ein kleiner, weicher, weißer Balken, von einer durchweichten Bröselpanade umhüllt, war, und das bei der Konfrontation mit einem gleichnamigen Tier, das im Wasser schwimmt, ganz schön erschrocken ist.

Die so dargestellte Weltmarktstrukturküche dringt allmählich als weltweit dieselbe ungenießbare Einheitskost über Drive-In-Lokale, Bretterbuden, Kühltruhen in jene Abfütterungsstellen, die sich als Restaurant bezeichnen, vor – der nächste Schritt wäre dann, wie dies in manchen Gegenden der USA und des bundesrepublikanischen Ruhrgebietes schon heute der Fall zu sein scheint, die Konstituierung eines »radikalen Monopols« im Sinne von Ivan Illich: Essen ist dann nur noch Weltmarktstrukturküche. Zu den oben bereits Genannten wird sich demnächst der griechische Gyros gesellen (heute schon in geradezu perverser Verkehrung des vertikal knusprig werdenden Spießbratens als vorfabrizierte Ansammlung losgelöst bratbarer Fleischfragmente erhältlich), der ungarische Lángos (auch eine Art Fladen aus Germteig), der türkische Börek, der kaukasische Schaschlik, die mexikanische Tortilla, das mitteleuropäische Kotelett und die Sulz, die ostasiatischen Tofu-Bratlinge.

Wer sich von den Fortschritten der Weltmarktstrukturküche ein ebenso kontinuierliches wie anschauliches Bild machen will, muß nur einigermaßen regelmäßig sich der Gastronomie der Speisewagen (auch wenn sie heute

»Zugrestaurants« heißen) aussetzen, die sich geradezu im Doppelsinn des Wortes als Mobilgarde der verschlechterten Speisentransformierung verstehen kann. Konnte die Bundesbahnschönfärbepostille »Schöne Welt« noch in den siebziger Jahren die rührende Geschichte vom damaligen Bundespräsidenten Walter Scheel verbreiten, dem ein Stück gekochtes Rindfleisch zugedacht war und der dann auch die daraus resultierende Bouillon, auf die sich schon das DSG-Personal Hoffnung gemacht hatte, verspeisen wollte, würde die Story heute nur noch Lacheffekte erzielen: Meilenweit ist jede, und hier verdient sie den Namen, DSG-Brühe davon entfernt, je ein Stück Rindfleisch gesehen zu haben. (Bei jeder »Fallgeschichte« fallen mir noch einige Indizien auf, die ich vergessen hatte. Hier sind es u.a. die artifiziellen Baguettes, die Toastkultur und die Dosenfisoleneintöpfe).

Da aber die meisten Dinge der Welt einen Doppelcharakter haben, wird dieser auch der Weltmarktstrukturküche nicht rundweg abzusprechen sein. Irgendwann in den frühen sechziger Jahren hatte sie den Zenit ihrer progressiven Phase, in jenem Sinne, in dem Marx und Engels im »Kommunistischen Manifest« die eine Seite des Weltmarkts verklären: alle Güter der Welt standen theoretisch gleichzeitig zur Verfügung; die provinziellen Bornierungen versalzener brauner Saucen, zu nichts anderem gut, als den Getränkeumsatz der Wirte zu heben, standen mit einem Male zur Disposition. Diese Universalität, so sehr sie auf Grund der dargestellten Wirkung mit Vorsicht zu genießen ist, hat auch ihre befreienden Akzente setzen können: noch die Nouvelle Cuisine mit ihren Kiwi-Sorbets, ja, noch die Makrobiotik mit ihrem Hang zur Japanoiserie haben von ihr profitiert. Und etwas von diesem verblichenen Glanz klingt noch in Paczenskys Anmerkungen nach, Pizza und Currywurst seien im Gegensatz zur Normalkost wenigstens gewürzt (wenn sich auch die vom selben Autor zu Recht bitter beklagten wüsten Ratskellermischungen und -garnierungen demselben Phänomen verdanken).

Als ein Sänger dieser heroischen Phase der Weltmarkt-

strukturküche ließe sich in den sechziger Jahren Martin Ledermann verstehen. Alles ist offen, alles ist vorhanden, auch das Kalorien-Check-Buch ist stets zur Hand, alle haben selbstredend keine finanziellen Probleme, die Wahlfreiheit ist unbeschränkt. Die größten Köche der Welt sollten in die Dienste der größten Konservenfirmen der Welt eintreten, dann wären alle gastronomischen Probleme gelöst. Langeweile wird vermieden, weil der/die Verbraucher/in ohnehin mittels zwanzig Würzstoffen (nicht weniger als elf davon alkoholischer Natur) variieren kann. Gleichzeitig kennt Ledermann auch einen »natürlichen Geschmack« und die Speisenzusammenstellung nach dem Angebot an den Märkten, als ob er ein Pionier der Nouvelle Cuisine wäre. Sein Topfenrezept (zwei Drittel Topfen mit einem Drittel irgendeines industriellen Chutneys gemischt) scheint mir fast schon paradigmatisch zu sein.

Ich erhoffe Ihr Nachsehen, wenn ich an dieses Kapitel keinen Rezeptteil anschließe – für Gelüste dieser Art pflegen die Gebrauchsanweisungen auf den Verpackungen der standardisierten Speisen auszureichen.

3. Die nationalen Küchen auf dem Weg zur Weltmarktstrukturküche.

Die oben angedeutete Tendenz ist keineswegs auf jene »Fast Food«-Einheiten beschränkt, die durch die günstige Kosten-Nutzen-Relation der avancierten Nahrungsmitteltechnologien hervorgetrieben worden sind. Jede einzelne nationale oder regionale Küche, insbesondere wenn sie in eine andere Region, wenn nicht in ein anderes Land, exportiert worden ist, ist von diesem Trend affiziert.

Um den Nachweis zu führen, reicht es, zum einen die Kochbücher und, wenn möglich, die an Ort und Stelle befindlichen Speisekarten mit den Angeboten der ausländischen Restaurants zu vergleichen. Zum anderen, und hierin kommt die Dynamik des einschränkenden strukturalisierenden Prozesses noch besser zum Ausdruck, die ursprünglichen Speisekarten, wenn ausländische Restaurants ihre Aktivitäten beginnen, mit jenen – durchschnittlichen – zu vergleichen, die nach einem oder mehreren Jahrzehnten dieser Aktivitäten dann übriggeblieben sind.

Beginnen wir mit den italienischen Restaurants. Das durchschnittliche deutsche oder österreichische italienische Restaurant führt zwischenzeitlich zu 95 Prozent eine breite strukturalisierte Auswahl von Teigwaren mit Saucen (beispielsweise: 6 Teigwaren mal 6 Saucen macht eine imponierend erscheinende Vielfalt von 36 Items auf der Speisekarte aus), von Pizzas, von gebratenen Fleischstükken mit oder ohne Saucen, von einigen unkombinierten oder kombinierten Salaten. Vor einigen Jahren gab es eine Reform einiger sogenannter »Nobel-Italiener«, die sich zwischenzeitlich ebenfalls strukturalisiert hat: hinzugetreten sind die unvermeidliche Vorspeise Carpaccio und die unvermeidliche Nachspeise Tiramisú, ansonsten hat sich nicht viel geändert.

Noch drastischer stellt sich diese Entwicklung dar,

wenn wir den dynamischen Aspekt miteinbeziehen. Bei den Ur-Italienern der fünfziger und sechziger Jahre war es noch zumindest zeitweilig möglich, eine Minestrone zu essen, die den Namen verdiente (ich verhehle nicht, daß eine Suppe dieses Namens, wenngleich mit sehr entfernter Ähnlichkeit, noch auf einer Reihe von italienischen Speisekarten zu finden ist), eine Pasta e Fagioli, einen Ossobuco, einen Bollito Misto con Salsa Verde, eine Zabaione (die es zwar gelegentlich noch gibt, aber zunehmend durch Eis als Einheitsnachspeise ersetzt worden ist: eine Tendenz, die überhaupt der Weltmarktstrukturküche zueigen zu sein scheint).

Nicht anders, wenn wir die strukturalisierten Speisen im einzelnen betrachten. Die Pizza beispielsweise ist ursprünglich ein wenig aromatisierter Fladen, der im ganzen Orient verbreitet ist und zumeist als Zwischenmahlzeit (die bei armen Leuten, wie regional leider sehr häufig, zur Hauptmahlzeit werden kann) genossen wird. Ihre Urform findet sich in der altorientalischen Pita (Landmann), wobei ich nicht mit Salcia Landmann darüber rechten will, ob diese tatsächlich eine ursprünglich altjüdische Speise ist oder noch vormosaischen Ursprungs; sie verzweigt sich bis zum ungarischen Lángos und zu den indischen Fladenbroten (Puri, Chapati), ja zu den indonesischen Krabbenfladen (Kroepoek) – wobei es auch Parallelen zu den indianischen Maisfladen der amerikanischen Hemisphäre gibt. Die neapolitanische Pizza, die ich 1960 an Ort und Stelle gegessen habe, ist ein mitteldick ausgerollter Germteig, der mit zerlassenen Tomaten bestrichen, mit zwei Sardellenstreifen kreuzweise belegt und mit etwas Reibkäse versehen wird, um sodann auf einem runden Blech gebacken zu werden. Nichts von alldem bei jenen Phantasieprodukten, die in herkömmlichen »italienischen« Lokalen in zwanzig bis dreißig Varianten als Pizza verkauft werden. Da die Pizza zwischenzeitlich zur Hauptmahlzeit geworden ist (was auch, wenngleich zu relativierende, Rückschlüsse auf die Verelendung des »Italiener«-Publikums zuläßt), verschleiert ihr zunehmender Belagreichtum die gleichermaßen zunehmende

Armut der »italienischen« Gesamtspeisekarte, bringt sie gleichzeitig dadurch zum Ausdruck. Gleichzeitig, zum anderen, erweist sich diese belagreiche Pizza als nichts anderes denn ein Produkt industrieller Kombinatorik. Bei einiger Erfahrung wird es geradezu möglich, aus der jeweiligen Pizza-Kombinatorik die jeweilige Küchenorganisation zu rekonstruieren, zumal ihre Versatzstücke beobachtbarermaßen bei anderen Momenten der Speisekarte wiederauftauchen: bei den Salaten, den Vorspeisen, den Teigwarensaucen, den kalten Vorspeisen und, seltener, den Fleischvarianten oder -saucen. (Es handelt sich ja dabei, von wenigen, eher exotischen Ausnahmen abgesehen, zumeist um Schinken, Salami, Champignons, Zwiebeln, Frutti di Mare, Oliven, Kapern, Artischockenherzen, was, mit der Urkombination, allein schon eine beinahe dreistellige Kombinationsmöglichkeit ergibt).

Dafür ist es nur noch selten möglich, Vitello tonnato zu erhalten – selbst wenn es auf der Speisekarte stünde, ist es zumeist »zufällig nicht da«. Ein italienisches Lokal in Kassel besuchte ich jahrelang, weil noch ein Traditionsgericht auf der Speisekarte verblieben war: die Busecca, die berühmte lombardische Kuttelsuppe. Selbst die restaurantgängigen Einschränkungen gegenüber dem Originalrezept (mit dem Gemüse, außer mit Tomatensauce, war gespart worden, und die Borlotti-Bohnen fehlten durchgehend) konnte ich verkraften – nur nicht, als eines Tages die Busecca vollends von der Speisekarte verschwunden war. Ich betrat das Lokal so lange nicht, daß ich vollkommen übersehen hatte, daß fünf Jahre später die Busecca wieder Einzug auf der Speisekarte gehalten hatte: beileibe nicht mehr unter »Suppen«, sondern in der Abteilung »Spezialitäten«. (Behauptungen, der Wirt hätte die Busecca von der Speisekarte gestrichen, um mich als Gast endlich loszuwerden, sind sicherlich in das Reich jener bösen Gerüchte zu verweilen, an welchen auch Kassel nicht arm ist).

Ich habe den weltmarktstrukturellen Verfall der auslandsitalienischen Küche etwas ausführlicher geschildert, weil ich die italienische Küche aus eigener (sowohl aktiver als auch passiver) Anschauung relativ am besten kenne. Doch hat diese Betrachtung nur exemplarischen Stellenwert. Der Verdacht scheint begründet, daß die Lage der anderen nationalen Küchen um nichts besser ist.

Um summarisch zu beginnen: Auch die »jugoslawische«, die »griechische« und die »spanische« Küche scheinen sich im wesentlichen dadurch zu charakterisieren, daß sie in ihrem Hauptbestandteil aus gegrilltem Fleisch oder Fisch mit Pommes Frites und Salat bestehen. Hierbei sind die nationalen Varianten nicht ganz ausgeschaltet: sicher handelt es sich bei den ersteren noch um Pleskavica oder Rasnici, bei den zweiteren noch um Gyros, und bei den letzteren kann sogar einmal ein Kaninchen auf den Grill gekommen sein (ansonsten häufig eine Art Tabuspeise). Als Dessert selbstredend Kompott oder Eis (wobei den Griechen noch Halwa oder den Spaniern Flan, eine Art Karamelpudding, unterlaufen kann). Wenigstens schämen sich diese Küchen nicht so sehr der Hülsenfrüchte – dereinst ein Hauptbestandteil menschlicher Nahrung und durch den zweiten Weltkrieg in Verruf gekommen, wie die Rüben durch den ersten – wie alle anderen Küchen: die Bohnensuppe ist zumeist in den jugoslawischen und griechischen Küchen genießbar, auch kann es da eine Bohnenbeilage geben, wie häufig auch der Reis die Pommes Frites-Beilage ergänzt. Aber sonst? Bei den »Jugoslawen« Djuvec, Sarma und vielleicht noch ein Eintopf, bei den »Griechen« Mussaka und, wenn's hoch hergeht, Stifado, bei den »Spaniern« immerhin noch eine zumeist imposante Vorspeisenpalette (ich kenne Leute, die in einem »spanischen« Lokal ausschließlich eine Kombination von vier bis fünf Vorspeisen zu sich nehmen), Huevos à la Flamenco und, für zwei Personen, Paella sowie die Fischplatte zumeist als Schmuckstück des Hauses. Aber sonst?

Ich kann mit der Litanei von vorne beginnen. Bei kaum einem »Jugoslawen« habe ich eine weitere brauchbare Suppe auf der Speisekarte gesehen oder einen der Eintöpfe, die im jugoslawischen Binnenland selbstverständlich sind. Bei den »Griechen« fehlen durchgehend, um nur einiges zu nennen, Avgolemmo, die Innereiengerichte (etwa Kokkinisto), die Ersatzkaviarvorspeisen (etwa Ikra aus Auberginen). Bei keinem »Spanier« ist es mir je gelungen, einen Cocido, ein Ollapotrida, eine Chilindron-Sauce oder auch nur ein Kichererbsengericht zu erhalten.

Die skizzierte Dynamik zur Weltmarktstrukturküche hin mag exemplarisch das Schicksal des Taramosalata (auch: Taramas) veranschaulichen. Diese Vorspeise, mit Olivenöl, Zitronensaft und etwas Paprika angemachter und dünn auf Vorspeisentellern aufgestrichener Fischrogen, stand zunächst in so gut wie allen Lokalen mit griechischem Anspruch auf den Speisekarten, ist aber heute nur noch bei etwa jedem vierten »Griechen« erhältlich. Erschwerend tritt in diesem Falle hinzu, daß in Mittelstädten das entscheidende Rohmaterial, nämlich der Fischrogen, außerordentlich schwer erhältlich ist (in Wien führt immerhin ein Geschäft am Naschmarkt Taramas, ein Hinweis, den ich Peter Jirak verdanke, und auch in München ist es mir gelungen, diesen aufzutreiben), so daß die ansonsten probate Gegenwehr, nämlich die weggefallenen Gerichte selbst zu kochen, entfällt.

Da ich die Küche der Volksrepublik China (oder auch nur der Chinatown in San Francisco) nicht aus eigener Anschauung kenne, muß ich mich bei der Beurteilung der den Weltmarkt betreten habenden chinesischen Küche außerordentlich zurückhalten. Ich muß gestehen, daß mir dies schwer fällt. Jeder vierte Mensch auf der Welt ißt chinesisch; allen Beschreibungen der gastronomischen Ethnologie zufolge teilt sich China in noch mehr Regionen mit unterschiedlichen Kochqualitäten auf als etwa Spanien (wo es immerhin fünf sind) oder auch die Bundesrepublik Deutschland; immer wieder ist von Differenzierungen etwa der Kanton-Küche, oder der Szechnan-Küche die Rede. Also kann ich mir nicht vorstellen, daß das, was in den diversen »Hongkongs« und »Mandarins« ums Eck serviert ist, auch nur ein einigermaßen zutreffendes Abbild der Vielfalt und Weite der chinesischen Küche darstellt.

Von wenigen Speisen nämlich abgesehen – mir fällt hier

spontan die Frühlingsrolle ein, die Nachtischkonservenfrüchte und auch noch die »Peking-Ente« (von der unten noch die Rede sein wird) –, erscheint mir die europachinesische Küche (wobei ich gerne zugestehe, nur mit der deutsch-chinesischen, der österreichisch-chinesischen und der britisch-chinesischen eigene Erfahrungen gemacht zu haben) als die durchstrukturierteste, die ich erlebt habe. Hier wird es vollends möglich, wie es dem kombinatorischen Ingenium eines Fritz Zwicky entsprochen hätte, eine umfangreich aussehende Speisenfolge aus der Mathematik zu konstruieren.

Schematisch gesprochen, nehme man/frau 12 Fleischarten bzw. -surrogate (sagen wir: Rind, Kalb, Schwein, Lamm, Huhn, Ente, Leber, »Fisch« – als ob es da nur einen gäbe –, Krabben, Hummer, Ei, Tofu) und 15 Gemüsearten bzw. gemüselose Bereitungen (sagen wir: Kohl, Zwiebeln, Paprika, Tomaten, Bambussprossen, Bohnensprossen, Champignons, Morcheln, Wasserkastanien, Broccoli, schwarze Bohnen, Ananas, Mandeln, Ingwerknollen, süß-saure Bereitung – die einzige, bei der nicht die ansonsten unvermeidliche Soja/Sake-Würzung am Schluß hinzutritt), tue je eine aus beiden, jeweils fein geschnitten (oder sonstwie adäquat zubereitet), in einen Wok, brate kurz ab, al dente (was bei den Konservengemüsen ohnehin schon schwer genug sein dürfte), würze – und habe alleine dadurch eine imposante Speisekarte von 180 Gerichten, wobei nur 27 Töpfe hierfür erforderlich sind. Die süß-saure Bereitung ausgenommen, gewährleistet eine Sambal-Würzung und eine Curry-Würzung jeweils weitere 168 Gerichte. Wenn ich, wie es bei einer vereinfachten strukturalen Darstellung struktureller Küche wohl zulässig sein dürfte, von den fraglos vorhandenen Nullmengen abstrahiere, entstünden alleine daraus 516 Speisen, obwohl es »eigentlich« nur 32 Zutaten sind (das unvermeidliche Stärkemehl einbezogen und ohne das ohnehin schädliche Monosodiumglutamat).

Aber der Scherz kann noch weitergetrieben werden. Man/Frau nehme eine (zumeist, was auch schon viel heißt, in einigermaßen zufriedenstellender Qualität in »chinesischen« Lokalen vorhandene) Hühnerbouillon, nehme ein bis drei der obengenannten Elemente als Suppeneinlage (wozu noch einige spezifische träten, wie Won-tons oder faschierte Knödelchen), und hätte solcherart einige hundert Suppen. Wird hingegen statt der Hühnerbouillon Essig und Zucker genommen, resultiert eine vergleichbare Menge an Salatvariationen. Eine Verdreifachung der Hauptspeisen wäre möglich, indem diese nicht mit dem üblichen pappigen Bleichreis, sondern mit Nudeln oder Glasnudeln gereicht werden. Mühelos wäre also zu errechnen, wie aus vierzig Zutaten eine vierstellige Speisekarte zu erstellen wäre – eine gastronomische leibnizsche Universalkombinatorik ohne jede Gastrosophie. Nun entspricht die europa-chinesische Küche nicht durchgehend dieser ihrer impliziten Parodie, so läßt sie es zumeist bei jeweils zehn Suppen, Salaten, Nudelspeisen aus den logisch möglichen mehreren hundert bewenden. Aber die Hauptspeisenkombinatorik mit oft an die 150 Gerichte kommt dieser strukturalen Darstellung schon zumeist bedenklich nahe.

Einen empirischen Nachweis ex negativo erhielt ich – diesen Hinweis verdanke ich Katja Pohl –, als ich im Sommer 1986 in einem chinesischen Restaurant in Frankfurt aß, welches, wie mir scheint: zu Recht, beansprucht, Kanton-Küche zu kochen. Das Ergebnis war, daß ich nach acht Gängen, die ausnahmslos aus Speisen bestanden, die ich nie vorher und nie nachher in einem chinesischen Lokal zu verkosten die Gelegenheit hatte, schier platzte – und das will bei meinem Fassungsvermögen was heißen. Unvergeßlich werden mir die scharf gefüllten Germknödel bleiben, von denen ich zuvor nur in der Sekundärliteratur gelesen hatte.

Wobei ich mir, wie auch im Falle aller anderen beispielhaft genannten Länder, gut vorstellen kann, daß diese Einrichtung zur Weltmarktstrukturküche auch innerhalb der ersteren, wenigstens wo sie den Weltmarkt berührt, vor sich geht. Zur Peking-Ente beispielsweise war jahrzehntelang in der einschlägigen Literatur zu lesen: »Fahren Sie nach Peking und bestellen Sie dort eine.« Und dies mit einigem Recht: Zum einen werden in Peking andere Entenarten verwendet als in Europa, zum anderen sind die Räuchervorrichtungen, in welche die präparierte Ente gehängt wird, in Europa (vor allem in industrialisierten Städten) nicht ohne weiteres imitierbar. (Während es denkbar ist, das Aufblasen der Haut und das Einreiben mit Honig auch hier durchzuführen). Bis mir neulich eine Beschreibung eines Pekinger Peking-Enten-Massenessens für Touristen zuteil wurde – mit dem Höhepunkt, gar so anders als in Bremen hätte die Peking-Ente auch wieder nicht geschmeckt.

Wenn ich bislang mich auf diese fünf Küchen auf dem Weg zur Weltmarktstrukturküche beschränkt habe, so deshalb, weil bei diesen, aus mitteleuropäischer Sicht, der Prozeß am weitesten fortgeschritten ist – aus britischer Sicht wäre mit Sicherheit einiges zur indischen Küche zu sagen. Zu befürchten ist, daß in einem Jahrzehnt dies auch hier der Fall sein wird – dasselbe gilt für die türkische, die vietnamesische, die japanische Küche, um nur einige zu nennen. Um mich nun nicht dem Verdacht auszusetzen, vor allem südeuropäische Länder und Regionen der Dritten Welt dieser Kritik zu unterziehen, will ich mich zum Abschluß der Strukturalisierung der Küche meines eigenen Landes widmen. Da ist es nämlich um kein Haar anders.

Nicht nur, daß es der österreichischen Küche zur lang andauernden Schande gereichen wird, durch Friedrich Jahns »Wienerwald«-Kette auf die Produktion bedingt wohlschmeckender Grillhühner reduziert worden zu sein (die mit den Wiener Brathendln meiner Jugend wirklich nur noch den Namen gemeinsam haben), es ist für mich immer sehr aufschlußreich, in Lokale zu gehen, die den Anspruch haben, in der BRD österreichische Küche zu kochen. Die Erfahrung ist, von der entgegengesetzten Seite her, präzise dieselbe. Ich habe noch kein »österreichisches« Lokal angetroffen, in dem mehr als fünf Gerichte genießbar gewesen wären. Abgesehen davon, daß es diesen Lokalen selten gelingt, bayrische und österreichische Küche auseinander zu differenzieren (was an sich noch kein Schaden wäre, da auch die bayerische Küche ursprünglich ganz ausgezeichnet ist), pendeln sie zwischen Wienerwald-Verschnitt (zu den Grillhühner treten dann noch Grillstelzen hinzu), Strukturspeisen und ausgewählten österreichischen Gerichten. Als durchwegs genießbar stellten sich das Gulasch (häufig zwar wäßriger als in Österreich gebräuchlich, aber geschmacklich ausgesprochen ähnlich), der Kaiserschmarren und die Palatschinken heraus. Einmal (ein einziges Mal!) erlebte ich durchgehend gute Qualität des gekochten Rindfleischs einschließlich der dazugehörigen Bouillon. Auch die Knödel waren von heimischer Qualität. Für die Schinkenflekkerl (die in der BRD »Schinkennudeln« heißen) gilt strukturell Vergleichbares, was oben zur Pizza gesagt wurde: das Spiegelei dazu etwa stört zwar nicht, schmeckt auch soweit, hat aber eigentlich dabei nichts verloren.

Um so wahrnehmbarer ist mir dabei jedoch, wie viele der mir aus Österreich vertrauten Speisen unter den Tisch gefallen sind. Beim »Österreicher« habe ich noch nie ein Beuschel erlebt, noch nie ein Bruckfleisch, noch nie ein Steirisches Wurzelfleisch, noch nie (außerhalb Bayerns) geröstete Knödel mit Ei, noch nie einen Bauernschmaus österreichischer Herkunft (was gelegentlich so betitelt wird, ist eher ein Querschnitt durch regional durchmischte Schlachtplatten und Brotzeitteller), auch, von den beiden oben erwähnten abgesehen, keine österreichische Mehlspeis (obwohl zu befürchten ist, daß dem durch die Weiterentwicklung der Tiefkühlkost abgeholfen wird), von einem adäquaten Kaffee nicht zu reden (während sich in dieser Hinsicht die »Italiener«, »Jugoslawen« und »Griechen« große Mühe geben).

Hiermit gehe ich zum Rezeptteil dieses Kapitels über, um an Beispielen aus der italienischen und aus der spanischen Küche sinnlich zu veranschaulichen, welche gastronomischen Qualitäten durch die strukturelle Anpassung an die Weltmarktküche verlorenzugehen drohen.

Flascia Grüne

REZEPTE

Busecca: Braune Bohnen einweichen, weichkochen. Nach Geschmack Kohl, Karotten, Porree, Zellerblätter, Salbei, Majoran, Basilikum feingeschnitten in einer Mischung kleingeschnittener Speckwürfel mit Butter dämpfen. Sodann mit heißer Bouillon ablöschen und aufkochen. Mehrere kleingeschnittene Kartoffeln und Tomaten hinzufügen und 1½ Stunden kochen. Die vorgekochten, in Streifen geschnittenen Kutteln und die braunen Bohnen dazugeben. Vor dem Auftragen mit geriebenem Parmesan bestreuen und mit Croutons zu Tisch geben.

Variante: Die vorgekochten Kutteln mit Zwiebeln, Salz, Pfeffer, Nelkenpulver, Karotten in der Butter/Speckmischung dämpfen, Tomatenmark hinzufügen, ablöschen; mit feingeschnittenen Zellerstangen kochen lassen, die braunen Bohnen (wie oben) dazu; Parmesan und Croutons wie oben.

Variante: Anstatt mit heißer Bouillon mit Wasser und Weißwein aufgießen.

(frei nach Manuel Gasser und Marianne Piepenstock)

Variante: keine Bohnen; mit Tomatenmark, Knoblauch, Rotwein.

(frei nach Lilo Aureden)

Variante: Kutteln und Gemüsemischung (ohne Kohl, mit Zeller, Lorbeer) lagenweise einschichten, mit Weißwein aufgießen, zum Schluß mit einer Sauce aus Tomaten, Olivenöl, Knoblauch, Kräutern übergießen, dann Parmesan; in Butter und Weißwein gedünstete Pilze drübergeben – ebenfalls in beiden Fällen ohne Bohnen.

(frei nach Peter Fischer)

Callos: Die vorgekochten Kutteln, die vorher in Streifen geschnitten worden sind, zusammen mit einem Kalbsfuß, eventuell etwas Kalbskopf, etwas Blutwurst, Zwiebeln, Knoblauch, Tomaten, Pfeffer, scharfem Paprika, Öl, Salz und Pfefferoni in Wasser und Weißwein kochen. Eventuell vorgekochte Kichererbsen hinzufügen.

(frei nach Ministerio de Informacion)

Pollo à la Chilindron: Das Huhn in Stücke teilen, scharf anbraten, in einer Sauce aus in Öl angedünsteten gehackten Zwiebeln, feingeschnittenen Tomaten, Paprika, Knoblauch, Petersilie, Safran und Pfefferonischoten gar schmoren lassen. Mit dreieckigen Croutons zu Tisch geben. Das Gericht kann auch aus Hammel, Kalb, Kaninchen, und anderen Fleischarten zubereitet werden.

(frei nach Ministerio de Informacion)

Variante: Rohen Schinken zur Schmorsauce hinzufügen.

(frei nach Victoria Serra)

Minestrone: Zwiebel in einer Mischung aus Butter und Öl anbraten, die durch Speckwürfel ergänzt oder teilweise ersetzt werden kann. Jeweils kleingeschnittene Karotten, Zeller, Porreestangen, Zucchini, Karfiol, Kohl, Fisolen und vorgekochte weiße Bohnen hinzufügen, mit Bouillon aufgießen, mit Knoblauch, Salz, Pfeffer und Basilikum würzen. 20 Minuten vor Beendigung der Kochzeit Makkaroni/Hörnchen mitkochen lassen. Mit Parmesan zu Tisch geben.

Variante (und zwar die von mir persönlich bevorzugte): Rindfleisch (Suppenfleisch) mitsamt Knochen in kaltem Wasser aufsetzen, aufkochen lassen. Im Laufe der Kochzeit die Gemüse in den Topf hineinschneiden, ebenso Zwiebel, Knoblauch, Tomatenmark, Thymian, Majoran, Salz (oder Sojasauce) und die vorgekochten weißen Bohnen hinzufügen. Mit Teigwaren und Reibkäse weiter wie oben. Das Fleisch vor dem Auftragen zerteilen.

Variante: Einen Teil der Gemüse/Gewürze durch Kohlrabi, Spinat oder Kochsalat, Salbei ersetzen oder ergänzen.

Variante: Wurst in Olivenöl anbraten, mit Bouillon aufgießen, zum Kochen bringen, Gemüse und Gewürze hinzufügen.

Variante: Zu den Gemüsen Rotkohl, Tomaten (entsprechend kein Tomatenmark), junge Erbsen; statt der Teigwaren einige Eßlöffel Reis; als Gewürze Bouquet garni, Salz, Pfeffer und Paprika.

Variante: Anstelle von Speck, Wurst oder Rindfleisch

einen Schinkenknochen mitkochen lassen; mit Rotwein und Bouillon (am besten übriggebliebene Bouillon eines Bollito misto) aufgießen; mit Croutons zu Tisch geben.

Variante: Als Fett Sesamöl, statt der weißen Bohnen Kichererbsen; zu den Gemüsen Steckrübe und Kürbis; anstatt von Salz Tamari-Shoyu-Sauce.

(frei nach Michel Abehsera, Andreas Hellrigl, James Hillmann/Charles Beer, Ludwig Hillenbrandt, Katinka Mostar, Marianne Piepenstock, Barbara Rütting)

Variante: Knochenbrühe; mit Speck und Zwiebeln in Olivenöl, Reis und Würzkräutern.

(frei nach Peter Fischer)

Variante: mit Muskatnuß, Butter und Croutons.

(frei nach Lilo Aureden)

Bollito Misto con Salsa Verde: Ein Huhn, eine Ochsenzunge, Rindfleisch und ein halber Kalbskopf werden in einen großen Topf mit kochendem Wasser und mit Weißwein übergossen und gargekocht. Nach ca. 2½ Stunden Kochzeit werden der mit Salz, Pfeffer und Lorbeer gewürzten Suppe ganze Karotten und Porreestangen hinzugefügt. Kochen lassen, bis alles weich ist.

Als erster Gang wird die Bouillon zu Tisch gegeben (am besten in Trinktassen – Suppenteller tun es aber auch). Als zweiter Gang erscheint dann das in Stücke geschnittene Fleisch sowie das ganz gelassene Gemüse, welche mit der grünen Sauce (und selbstredend mit Brot) gegessen werden.

Für die grüne Sauce werden Öl, Sardellenpaste und Senf, miteinander glattgerührt, mit Weinessig und/oder Zitronensaft sowie sehr fein gehackten bzw. gewiegten Petersilie, Kapern, harten Eiern, Essiggurken und Knoblauch vermengt. (Unter uns gesagt, das ist eine Sauarbeit, was wahrscheinlich verantwortlich dafür ist, daß diese Speise, wohlschmeckend und ideal, sowie preisgünstig für größere Gruppen so selten zubereitet wird. Ich bin jedesmal froh, wenn an einem Ort, an dem Salsa Verde gemacht werden soll, eine Küchenmaschine zur Verfügung steht – und das, obwohl ich, schon aus energiepolitischen Gründen, für den sparsamen Einsatz von Mixern und dergleichen bekannt bin.)

Variante: Für den Fleischtopf zusätzlich oder fakultativ Kalbshaxe, Kalbszunge, Schweinshaxe, Kochwurst, an Gemüsen zusätzlich Kartoffeln und Zucchini. Für die Salsa Verde zusätzlich Zwiebeln und Pfefferoni (wem es nichts ausmacht, daß die Sauce nicht nur grün, sondern auch etwas scharf wird).

Variante (wiederum die von mir persönlich bevorzugte): Für den Fleischtopf ergänze ich Huhn, Rind und Zunge durch einen Rollschinken. In die Salsa Verde gebe ich zu den oben angeführten Zutaten alle Kräuter der Saison, die ich frisch zu bekommen in der Lage bin – selbstredend ebenso feingehackt (die Kräuter sind aber nicht das Problem, eher schon das wiegende Pürieren der Essiggurken).

Variante: Salsa Verde durch etwas pürierten Spinat anreichern (frischen, selbstredend).

(frei nach Andreas Hellrigl, Maurice Méssegué, Katinka Mostar. Wobei hier schon das Problem beginnt. Méssegués grüne Sauce ist im strikten Sinne des Wortes keine Salsa verde mehr: neben der Kräutern verwendet er statt Öl, harten Eiern etc. »dickflüssige Mayonnaise«. Vergleichbares gilt für die hessische Grüne Sauce, die als Goethes Lieblingsgericht in die Wissenschaftsfolklore eingegangen ist: sie enthält neben den Kräutern Mayonnaise und/oder Rahm oder Joghurt. Gleichwohl entspricht ihre Verwendung zu gekochtem Fleisch weithin der italienischen Salsa verde. Ihr Rezept folgt später).

Variante: Die Salsa Verde mit poschierten Eiern geben; in die Bouillon auch Nelke und Knoblauch.

(frei nach Lilo Aureden)

Ossobuco: Beinscheiben vom Rind werden in Mehl gewendet (was man/frau auch bleiben lassen kann. Anm. d. A.) und in Öl beidseitig angebraten. In diesen Bratenfonds werden zudem gehackte Zwiebeln, Karotten, Zellerstücke und Knoblauchzehen hineingetan. Aufgegossen wird mit Weißwein; dazu kommen Tomatenmark und ein Bouquet garni. Fertig dünsten.

Variante: Rotwein statt Weißwein verwenden.

Variante: Zusammen mit dem Tomatenmark allfällige Reste einer Bratensauce hinzufügen.

Variante: Weißwein mit Wasser mischen; Tomatenmark durch Tomatensaft ersetzen; zum Abschluß mit Rahm und Petersilie verfeinern.

Variante: Vor dem Anbraten mit Salz, Pfeffer und eventuell Rosmarin würzen; zum Anbraten das ausgelassene Mark der Beinscheiben verwenden; mit einer Mischung aus Bouillon und Weißwein aufgießen.

(frei nach Andreas Hellrigl, Moderne Küche, Oetker – der dies, wohl irrtümlich, für ein »altdeutsches Rezept« hält)

Variante: Kalb statt Rind; mit Rosmarin und Salbei würzen, mit Marsala, Tomatenmark und Rahm aufgießen.

(frei nach Lilo Aureden)

Pasta e fagioli: Zwiebel und Knoblauch in Butter anrösten. Mit Wasser oder Bouillon aufgießen, die eingeweichten weißen Bohnen hinzufügen ebenso einige feingeschnittene Kartoffeln (die meinem Geschmack nach auch wegbleiben können), Tomatenmark, Rosmarin, Knoblauch, Basilikum sowie, wenn erwünscht, Speckwürfel. 20 Minuten vor Ende der Garzeit die Maccheroni hinzufügen; mit Parmesan servieren.

(frei nach Andreas Hellrigl)

Puchero: In einen großen Topf Kalbfleisch, Rindfleisch, Rauchfleisch, Chorizo (scharfe spanische Würste, durch Kolbász oder auch Debracziner unter Hinzufügung einiger Pfefferonischoten substituierbar), Markknochen (durch die Hinzufügung von Olivenöl substituierbar) nebeneinander schichten, darüber jeweils einige Zwiebeln, Kartoffeln, grüne Paprika, Zucchini sowie eingeweichte Kichererbsen. Mit Wasser und Weißwein aufgießen, mit Salz, Pfeffer und Safran würzen. Gut 3 Stunden kochen lassen, mit Knoblauchcroutons zu Tisch geben.

Variante: Kalbfleisch durch ein Huhn ersetzen; Gemüse durch Karotten, Knoblauch, Tomaten, Kohlstücke (ohne Strunk und/oder Rippen), Porree ergänzen; Gewürze durch Zitronensaft und Petersilie.

(frei nach Katinka Mostar und Andreas Schoeller)

Cocido: In einen großen Topf Rindfleisch, Markknochen und rohen Schinken im Stück aufsetzen, zum Kochen bringen, eingeweichte Kichererbsen hinzufügen. Nach einer Stunde Kochzeit folgen Pökelspeck, Porree und Karotten in den großen Topf, nach zwei weiteren Stunden Kohl, eine Steckrübe (kann auch weggelassen werden), etwas Olivenöl und Knoblauch, Kartoffeln und Chorizos (siehe oben). Knapp vor dem Anrichten werden noch einige Teigwaren mitgekocht.

Varianten: Bröselknödel; Blutwurst; Fleischknödel; Hühnermägen; Gemüse der Jahreszeit.

Ollapotrida: Kalbsfuß, Schweinsfuß, Hammelfuß kalt aufsetzen, zum Kochen bringen; dazu ein kleines Huhn und ein ordentliches Stück Suppenfleisch vom Rind. Nach einer Stunde Kochzeit eingeweichte Kichererbsen einlegen, nach einer weiteren Stunde Räucherspeck, nach nochmals einer Stunde Gemüse der Jahreszeit und Chorizos (siehe oben). Alles zum Garwerden bringen.

Variante: Der Schweinsfuß und der Speck wie auch die Würste werden durch harte Eier ersetzt.

Dies soll die berühmte jüdische Adafina gewesen sein, ein Tscholent-ähnliches Sabbatessen der spanischen Juden zur Zeit der maurischen Besetzung, das dann zur Ollapotrida wurde, als die spanischen Juden gezwungen waren, sich taufen zu lassen, und die Ersetzung der harten Eier durch das Schweinefleisch öffentlich demonstrierten. »Soll« deshalb, weil es mir nicht gelungen ist, irgendwo ein »klassisches« Adafina-Rezept aufzutreiben (geschweige denn, es dann variierend zu kochen) – auch bei der bedeutenden jüdischen Nahrungsmittelvolkskundlerin Salcia Landmann nicht –, trotz ihrer Intention, an allen möglichen Stellen (Pizza, Teigwaren) den Nachweis zu führen, wie innovativ die jüdische Küche historisch gewesen ist.

Dies läßt sich auch nicht durch die von der Autorin häufig zum Ausdruck gebrachte Präferenz für die aschkenasische gegenüber der sephardischen Kochtradition erklären, da sie letztere wiederholt, und sei es der Vollständigkeit halber, miteinbezieht. Auch die Schrift des spanischen Informationsministeriums weist nur auf die Adafina hin: Hühnermägen, oben als Cocido-Variante ausgewiesen, sollen auch eine Adafina-Variante dargestellt haben; auch erscheint es mir naheliegend, daß die Bröselknödel als Mazzesknödel dabei das Licht der Welt erblickt haben.

In meiner Kochpraxis hat sich, die Spanier/innen mögen mir verzeihen, die Differenz zwischen Puchero, Cocido und Ollapotrida als weitgehend akademisch herausgestellt. In allen Fällen werden mehrere Fleischsorten, Kichererbsen und Gemüse der Jahreszeit mehrere Stunden lang zusammen gekocht, wobei die Reihenfolge der Zugaben wenigstens zum Teil von den Garzeiten abhängt (und nicht einmal dies muß der Fall sein, sonst wäre die Adafina nach der Logik mosaischer Speisegesetze nicht denkbar). Ob das Fleisch zuerst in den Topf geschichtet oder nach und nach zugegeben wird, hängt auch von äußeren Faktoren (etwa der Größe des Topfes und der Form der Fleischstücke) ab. Unverzichtbar jedoch scheinen mir die Kichererbsen zu sein, deren Mit-Geschmack die differentia specifica dieser Gruppe von Gerichten zu benachbarten (wie etwa den Bollito Misto, der Oille, dem Pot-aufeu) fraglos ausmacht.

Lange nachdem ich dies niedergeschrieben hatte, sah ich mich von relativ prominenter Seite her in dieser Position unterstützt. Carl Friedrich v. Rumohrs Vetter, Ernst Krüsch, im frühen 19. Jahrhundert Restaurateur in Aranjuez, führt zu diesem Gegenstande das Folgende aus, nachdem er eingeleitet hat, die spanische Nationalküche müsse »wie überall in den Häusern des wohlhabenden Bauern- und des mittleren Bürgertums gesucht werden«: Unter Olla (potrida) pflegt »man …ein verworren gedachtes Gemengsel eßbarer Dinge…zu verstehen.« Die Olla ist »höchst zusammengesetzt« und »augenscheinlich sukzessiv entstanden«. Ihr Ursprung und ihre einfachere Form sei der Puchero, den Krüsch wie folgt definiert:

»Vegetabilisches und Animalisches in demselben Gefäß bis zur völligen Durchdringung der Säfte, nicht der Substanzen gekocht«. Schon eine Fleischart und ein Gemüse, zusammengekocht, sei ein Puchero! Zumeist würde er kombiniert aus einer oder mehreren Fleischarten (Hammel und/oder Rind), aus einem/einer oder mehreren Gemüse/Leguminosen (Weißkohl/Kohlrabi/Broccoli/Karotten/Kichererbsen), einem oder mehreren Würzstoffen (Tomaten/Lauch/Zwiebel/Chorizos) und einem oder mehreren Fettstoffen (Speck/Schinken). Im Falle der Olla kämen gezähmtes und/oder wildes Geflügel hinzu. (Rumohr/326–328).

Weitere Varianten: In Peter Fischers Wohngemeinschaftsküche spielen neben den genannten Gemüsen, Fleisch und Fettarten sowie Würzstoffen die Knochen des Fleisches (Schwein, Hammel...), die Speckschwarte, Knoblauch, Olivenöl, Kartoffelwürfel eine Rolle, eventuell auch Paprikastreifen. Er gibt dem Cocido mit Croutons; wie er auch eine (von mir nicht nachgekochte) Variante mit Stockfisch und Pfefferoni (Pimenton) kennt.

Katharina Prato empfiehlt in der Tat eine Ollapotrida ohne Kichererbsen. (Prato/94)

Den Puchero bereitet Peter Fischer mit Zeller, Gurke (!), Salat sowie mit Hühnerklein und Schweinsohr, wobei ich mir letzteres sehr gut vorstellen kann. Die Ollapotrida macht er (wie ich auch) in einem Wäschekochtopf, wobei in der Bouillon Rind, Geräuchertes, Hammel, Chorizo, Huhn, Ente, Rebhuhn (ich frage mich nur, wie die WG-Küche an ein solches herankommt), Kraut, Salat, Kichererbsen und Suppenkräuter schwimmen. Zum Fleisch empfiehlt er eine kalte Tomatensauce mit viel Knoblauch.

Victoria Serras Varianten beinhalten ebenfalls Schweinsohren, Markknochen, Blutwurst, weiter Fadennudeln oder Makkaroni und Kalbfleisch. Auch sie empfiehlt Tomatensauce. Die entfaltete Ollapotrida enthält auch Geflügelleber und -mägen, weiße Rüben und Kalbshirn, sie wird u.a. mit Nelken und Safran gewürzt.

Weiter, und hierin einer Serviceform des französischen Pot au Feu strukturanalog, demonstriert sie, wie aus einer

Ollapotrida ein Festmahl mit sieben Gängen bereitet
wird:

1. Gang: Die Bouillon mit Croutons.

2. Gang: Das Rindfleisch mit den Kichererbsen, Kartoffeln, Rüben und dem Porree.

3. Gang: Das Rebhuhn mit Reispüree und Linsenpüree.

4. Gang: Kalb, Hammel und Geflügelinnereien mit einer Tomatensauce.

5. Gang: Hirn, Wurst, Speck und Schinken mit faschiertem Kohl.

6. Gang: Das Huhn im Ofen überröstet.

7. Gang: Die Ente mit einer scharfen Sauce.

Womit ich dieses Kapitel schließe, um die Gegenbeispiele dessen, was ich in den sich strukturalisierenden Lokalen gerne essen würde, an anderen Stellen des vorliegenden Buches fortzuführen.

4. Die Diktatur des Vegetariats als mechanische Negation der Weltmarktstrukturküche

Das Wesen der Diktatur des Vegetariats besteht darin, zwar lokal unstandardisiert und unindustrialisiert, jedoch ebenfalls vor allem kostengünstig, im Do-it-yourself-Verfahren fleischlose (da billige) Nahrungsmittel ohne besondere Rücksicht auf Geschmack zusammenzustellen, und dies mit einem »ökologischen« Allgemeinanspruch zu überhöhen. Die berechtigte Mahnung, aus Gründen der chemischen (und nunmehr auch der atomaren) Verseuchung wie aus solchen der Weltmarktstukturküche zu Lasten der Dritten Welt, den Fleischkonsum zu reduzieren, wird zur Forderung verabsolutiert, »der Einfachheit halber« überhaupt kein Fleisch mehr zu essen. Und wo – etwa in kleinen Gruppen, auf Seminaren etc. – diese Forderung sich durchsetzen läßt, wird sie auch mit allen Machtansprüchen behauptet.

Diese Tendenz, der Weltmarktstukturküche genau entgegengesetzt, entspringt gleichwohl denselben oben angedeuteten Prozessen, der Abstraktifizierung wie der Verelendung, wobei das Do-it-yourself die Akkumulationstendenzen und seine Folgeerscheinungen negiert. Sie geht mit dem konform, was Claudia von Werlhof als »Hausfrauisierung der Welt« analysiert hat: wie bisher schon die Hausfrauen, werden auch immer mehr Männer zu unbezahlter Zwangsarbeit veranlaßt, indem sie als Arbeitslose, Sozialhilfeempfänger, Ausübende alternativer Ökonomie ihre Subsistenz sich sichern müssen. Ist für verelendete Jugendliche einerseits schon etwa »McDonalds« ein »Restaurant«, wenngleich ein »etwas anderes« (mit der entsprechenden Hetze beim Verzehr der Speisen etc.), so besteht die oppositionelle Option darin, gastronomisch noch den Sozialhilfesatz zu unterbieten.

Um nicht mißverstanden zu werden: ich polemisiere hier nicht allgemein gegen vegetarische Küche. Es gibt ernstzunehmende religiöse (etwa im Buddhismus) und gesundheitliche (etwa bei Rheuma, Multipler Sklerose, Krebs) Gründe, vegetarisch zu leben. Es gibt, wie beispielsweise im Rezeptteil zum Ausdruck kommt, qualitativ hochstehende vegetarische Küche, wie sie etwa immer wieder bei Eduard Brecht, den Bircher-Benners, Barbara Rütting dokumentiert wird. Nicht zufällig hat George Ohsawa gewarnt, eine ernstzunehmende vegetarische Küche würde nicht billiger kommen als die herkömmliche bürgerliche. Doch hier handelt es sich um immer dieselben »Gemüsesuppen«, Müslis, Nudelsalate, Bratlinge, Käsebrote, Grünkernaufläufe – und um die entsprechenden immer gleichen Kompensationen bei Besuchern von Eissalons. Auch diese Tendenz breitet sich allmählich aus, von alternativen Landkommunen und studentischen Wohngemeinschaften in Lokale mit alternativem Anspruch, in Gesundheitstagskantinen (nie vergesse ich den Tag, an dem ein Gemisch aus halbgaren Kartoffeln und Liebstöckel als »Kartoffelsuppe« verkauft wurde), auf Speiseständen bei alternativen Festen, wo dann dem Esser/der Esserin die Wahl zwischen Hamburgern/Bratwürsten und Müsli/Salaten so schwer fällt, daß er/sie hungrig bleibt, bis schließlich in Reformhäuser und in bürgerliche Delikatessengeschäfte.

Abgesehen von der Makrobiotik, von der im Folgekapitel als Versuch einer gastronomischen Gleichgewichtslehre die Rede sein soll, hielte ich es auch für falsch, das so skizzierte Vegetariat mit der Gesamtheit der Reformkost in einen Topf zu werfen. Unter Reformkost verstehe ich die Gesamtheit der Bestrebungen, den Nahrungsmittelkonsum wieder auf die Grundlage einer wenig verfälschten Produktion zu stellen. Meine Formulierung ist nicht zufällig so schwammig gewählt: zum einen sind die Berichte Legion, daß infolge der weltweiten Kontaminierung ein schadstoffreier Anbau auch jenen nicht mehr gelingt, die nicht chemisch düngen, keine Pestizide und Insektizide verwenden und ihre Produkte nicht mit einem Stapel von Konservierungsmitteln versehen. Zum anderen wird, auch in den Vertriebsstätten, die sich »Reformhäuser« nennen, die Reformkost mißverständlicherweise häufig mit dem Vegetarismus gleichgesetzt, der indes nur ihr eines Extrem darstellt. Folge ist, daß nicht nur (von Ausnahmen wie Maurice Méssegué und einigen Bauern abgesehen) die schadstoffärmere Fleischproduktion sträflich vernachlässigt wird, sondern auch die fraglos optimale Diätetik im Krankheitsfalle zur umfassenden Diätetik des Alltags gemacht wird. Nicht vergessen darf, das andere Extrem des Bogens betreffend, allerdings werden, daß die etablierte hohe Wertschätzung des Fleisches (die beispielsweise in der gesamten Menüstruktur der Jahrtausende ebenso sich ausdrückt wie in der blödsinnigen Angewohnheit, Gemüse und Zerealien nur als »Beilage« von Fleischspeisen denken zu können – als ob dies nicht genauso gut umgekehrt ginge) von ebensolcher Einseitigkeit gekennzeichnet ist. Nicht nur bereitet der Mengenkonsum diätetische wie sozioökonomische Probleme, sondern die erwähnte Überbewertung verschleiert auch, daß einige der größten Delikatessen der Welt vegetarisch sind: die Artischocke, die Avocado, der Spargel, die provenzialische Sauce Aioli, die Tapenade, der arabische Hummus, der balkanische Auberginenkaviar, die japanische Tempura.

Womit ich Gelegenheit habe, zum Rezeptteil dieses Kapitels überzugehen. Hierbei bitte ich zu berücksichtigen, daß eine Reihe dieser Rezepte noch in anderen Kapiteln (Makrobiotik, Fourier-Essen...) folgen wird.

REZEPTE

Hors d'œuvres-Platte: Karfiolstücke, Gurkenscheiben, grüne Oliven, Pfefferoni und Spargelstücke mit einer Salatsauce aus Sherry, Kren und Topfen versehen.
(frei nach Martin Ledermann)

Salat à la Pierre I: Spargelstücke, gehacktes Eiweiß, grüne Oliven und Apfelstücke mit trockenem Weißwein statt mit einer Salatsauce übergießen und gut mischen.
(frei nach Martin Ledermann)

Waldorf-Salat: Äpfel und Zeller in Streifen schneiden, halbierte Walnüsse hinzufügen, mit Mayonnaise vermischen.
Variante: Ananasstücke hinzufügen.
(frei nach Martin Ledermann, Elisabeth Schandl, Eugenie Erlewein)

Kichererbsen: einweichen, weichkochen, beim Anrichten bloß mit kaltgepreßtem Olivenöl übergießen.
(frei nach Manuel Gasser)

Kichererbsen mit Spinat: In einer Pfanne werden Knoblauch, Tomaten und Petersilie mit Olivenöl angedünstet und reduziert. In einem Topf werden die vorgekochten Kichererbsen mitsamt der Kochbrühe, dem Inhalt obiger Pfanne, geschälten Mandeln, Safran (oder Gelbwurz), Zimt, weißer Pfeffer, Cayennepfeffer (oder Sambal) und einem gehackten gekochten Ei zusammen- und eingekocht. Zuletzt werden die blanchierten Spinatblätter hinzugefügt.
(frei nach Henri Toulouse-Lautrec/Maurice Joyant)

Hummus: Kichererbsen werden eingeweicht, weichgekocht, püriert. (Vorsicht: wirklich weich kochen, etwas von der Kochflüssigkeit oder vom Olivenöl dazugeben – mir ist bei dieser Prozedur schon einmal ein Mixer kaputtgegangen). Das Püree mit Olivenöl, Tahin (Sesamkörnerpaste) und Salz gut durchmischen.
Variante: Hinzufügung von Knoblauch, Minze, Kräuter, Paprika, Zitronensaft.
(frei nach Michel Abehsera, Salcia Landmann, Barbara Rütting)

Linsenmulligataway: Linsen in Salzwasser kochen. In einer Pfanne Zwiebel, Knoblauch, Sambal, Curry leicht anbräunen Tassen, hinzufügen. Vor Abschluß mit dem Saft einer Zitrone verfeinern.
Variante (von mir persönlich bevorzugt): Statt des Zitronensaftes Rahm oder Crème fraîche nehmen.

(frei nach Hannes Schoeller)

Orangensalat: Orangen schälen (auch die weiße Haut), in Scheiben schneiden, darüber verteilen. Obenauf schwarze Oliven arrangieren, mit Rosenpaprika überpudern, mit Olivenöl übergießen (nicht vermischen).

(u.a. frei nach Hannes Schoeller)

Bröselkarfiol: Karfiol in Salzwasser abkochen, darauf in Fett geröstete Semmelbrösel und zu Tisch geben.

Variante: Kohlrabi an Stelle von Karfiol.

(frei nach Elisabeth Schandl)

Ikra aus Auberginen: Das Innere einer weichgebackenen Melanzani auskratzen und pürieren (Anm. d. A.: Proletarische Naturen wie ich selber können die Melanzani auch in Scheiben schneiden und in wenig Öl braten – wie sie auch die angebratene Haut mit verwenden können. Stilecht ist es aber nur in der beschriebenen Form). Das Püree mit feingehacktem Knoblauch, ebensolcher Zwiebel, Zitronensaft, Olivenöl, Salz und Pfeffer mischen und kalt stellen.

Varianten: Schafskäse; Gervais; Joghurt.

(frei nach Salcia Landmann, Barbara Rütting)

Caesar-Salat: Eine Salatschüssel mit Knoblauch ausreiben, mit Salatblättern auslegen, Olivenöl, Zitronensaft und Rotwein darübergießen und mit einer ordentlichen Portion Knoblauchcroutons und Reibkäse zu Tisch geben.

(frei nach James Hillmann/Charles Boer – und nach der Bereitung in der Wiener vegetarischen Gaststätte Wrenkh)

Linsen-Curry: Linsen mit Wasser, Salz, Gelbwurz, Cayennepfeffer (oder Sambal) kochen. Butter mit Zwiebel, Ingwer, Curry (und Minze, falls vorhanden) dünsten und hinzufügen.

Variante: Linsen mit Ingwerwurzelscheiben, Zwiebel und grüner Paprika (und Wasser) kochen. Butter (oder Pflanzenöl) mit Zwiebel, Knoblauch, Gelbwurz dünsten und hinzufügen.

Variante: Linsen mit Wasser, Lorbeer, Salz, Pfeffer kochen. Öl mit gehackten Zwiebeln, Äpfeln und Knoblauchzehen, Curry und Rosinen dünsten und hinzufügen.

Variante: Mit Zitronensaft verfeinern.

(frei nach Claude Aubert und Syed Abdullah)

Eine grundsätzliche Anmerkung zum Curry: Für Currygerichte verwende ich so gut wie nie die industriell vorgefertigte Curry-Mischung. Diese bleibt, wenn überhaupt, den Currygerichten bei indonesischen Reistafeln (wo es genügend andere »Curry«-Zusammenstellungen gibt) oder als Würze für völlig andersartige Speisen vorbehalten. Da ich zumeist nicht über ganze Gewürze verfüge, stelle ich mir Curry-Mischungen aus Gewürzpulvern als Vorrat her. Nun gibt es Dutzende von Rezepten für Curry-Mischungen, auch sind der Experimentierfreudigkeit keine Grenzen gesetzt. Ich gebe hier nur meine eigene Standardmischung an:

Je zwei Teile Gelbwurz (Kurkuma), Koriander, Kreuzkümmel (Cumin, Mutterkümmel) und je einen Teil Ingwer, Kardamon, Nelkenpulver, Zimtpulver, Cayennepfeffer, Senfpulver und pulverisierte Orangenschale gut durchmischen und, sofern nicht sofort verwendet, luftdicht verschließen.

Die Variationsmöglichkeiten sind schier unendlich. Zum einen gibt es kaum ein Kochgemüse, aus dem nicht Curry gemacht werden könnte. Zum anderen verträgt jedes Gemüse ihm eigene Würzvariationen. Um einige Beispiele zu geben:

Krautcurry: Obige Mischung und ein Teil pulverisierter europäischer Kümmel.

Karottencurry: Obige Mischung und ein bis zwei Teile Anis.

Karfiolcurry: Obige Mischung und ein Teil Muskatnuß.

Um den Kochvorgang zu erleichtern, kann auch die Fett/Zwiebel/Knoblauch/Curry/Zugemüse-Mischung zuerst im Topf angedünstet werden, woraufhin das Hauptgemüse und das Kochwasser (soweit erforderlich) hinzugefügt werden. Auf diese Weise habe ich (häufig unter Hinzufügung eines dritten Teils Gelbwurz) öfters Kichererbsencurry hergestellt.

Wie alt und wie sehr in Vergessenheit geraten die eigenständige Bereitung von Curry-Gewürzen in Mitteleuropa ist, ist daraus zu ersehen, daß schon Katharina Prato (Erstauflage ihres Buches immerhin 1858) zwei Rezepte für einen eigenhändig gemischten Curry angibt.

Der Prato-Curry besteht aus: Entweder 36g Koriander, 25g Gelbwurz („gelber Ingwer" nennt sie ihn), 10g Pfeffer, 10g Senfsamen, 2,5g Kümmel, 2,5g Zimtrinde, 5g Kardamon. Oder 40g Koriander, 15g Ingwer, 25g Pfeffer, 3g Kümmel, 5g Zimt, 10g Kardamon, 5g Macis, 5g Nelken, 10g Cayennepfeffer.

Welcher Beliebtheit sich die Currymischung Katharina Pratos heute noch erfreut, ist daraus zu ersehen, daß sie von Peter Fischer für seine WG-Küche, ohne Quellenangabe, wortwörtlich abgeschrieben wurde. Die Quelle ist nicht nur an den präzise übereinstimmenden Mengenangaben zu erkennen (für meine Person kann ich mich nicht erinnern, in einer WG-Küche je mit Grammen und halben Grammen hantiert zu haben), sondern insbesondere daran, daß er die heute völlig ungebräuchlich gewordene Bezeichnung "gelber Ingwer" für den Gelbwurz beibehält. Aber Hauptsache, es schmeckt.

Eiercurry: Angedünstet werden Butter, Zwiebeln, Knoblauch, Currypulver, Tomaten; hinzugefügt Wasser, Salz und je nach Geschmack etwas Zitronensaft sowie harte Eier. Einkochen lassen.

Variante: Vor dem Hinzufügen der Eier eine kleine Melanzani mitkochen.

(frei nach Pearl S. Buck)

Indonesische Gewürzeier: Geschälte harte Eier in Frittieröl knusprig backen, einstechen. In Öl, Zwiebel, Knoblauch, Ingwer, Pfefferoni und Sereh (indonesisches Zitronengras) andünsten, mit Trassie (vergorene Krabbenpaste), Asem (Tamarindenpaste) Gelbwurz (und, nach Geschmack, Sambal) würzen, die Eier und einige Eßlöffel Wasser hinzufügen, ca. eine Viertelstunde einkochen lassen.

(frei nach Kim Lan Thai)

Nasi Kuning (Kokosreis): Reis mit Kokosmilch statt mit Wasser kochen, einen Eßlöffel Gelbwurz hinzufügen.

Varianten: Zitronengras (Sereh); Lorbeer; Röstzwiebel; Zimt und Nelken.

(frei nach Pearl S. Buck, Kim Lan Thai, Tien Hun)

Kokosmilch erhält man/frau, indem Kokosraspeln (oder auch die zerkleinerte eßbare Innenseite einer ganzen Kokosnuß) in Milch gekocht und anschließend die Kokosreste zusätzlich ausgedrückt werden.

Orientalischer Reis: Reis in kochendes Salzwasser einstreuen, köcheln lassen, Weizenschrot, kleine Karotten und Kartoffeln, getrocknete Bananen, Apfelringe und Marillen, Rosinen, Safran (oder Gelbwurz), Pfeffer, Kürbiskerne, Pignoli, Sonnenblumenkerne zugeben und fertigkochen.

Variante: In einer Pfanne in Sojaöl Ingwer, Kümmel, Sesamsamen und eventuell Ananasstücke anrösten und über den Reis geben.

Varianten: Gemüse, Obst, Gewürze, Kerne teils durch Pfefferoni, Champignons, Bleichsellerie ersetzen oder ergänzen.

(frei u.a. nach Barbara Rütting)

Meine eigene Lieblingsvariante verkneife ich mir lieber im vegetarischen Kapitel: da kämen noch Stücke vom Lamm oder Rindsinnereien hinzu. Sie wird unten im Abschnitt »Risotto« behandelt.

Tapenade: Schwarze Oliven werden entkernt und fein gehackt, ebenso Kapern. Gewürzt wird mit Thymian, etwas Lorbeer, Senf, Olivenöl, Cognac (oder einem anderen Weinbrand), Pfeffer, Paprika und Tomatenmark. Nichtvegetarier können die Kapern durch Sardellen ersetzen oder ergänzen. Sehr fein hacken, wiegen oder pürieren. (Aus eigener Anschauung weiß ich, daß auch der Bereitung dieses Gerichts ein Mixer ausgesprochen gut tut.)

(frei nach Marianne Piepenstock)

Vegetarische Knoblauchsuppen:
Viele Knoblauchzehen zerdrücken, in kochendes Was-

ser einstreuen, salzen, kochen lassen, mit Eigelben legieren; auf mit Olivenöl reichhaltig benetzten Brotscheiben in der Terrine servieren.

Varianten: Nelken; Salbei; Thymian; Reibkäse; Thymian; Rosmarin; Lorbeer.

(frei nach Marianne Piepenstock, Maurice Méssegué, Peter Fischer).

2. Knoblauch in Olivenöl andünsten, dazu altes Weißbrot, Rosenpaprika, Eier, Wasser – fertig kochen lassen, mit Croutons geben.

Varianten: Ohne Eier; Tomatenmark; Pfeffer; Essig zum Eigelb; ohne Weißbrot.

(frei nach Ministerio de Informacion, Maurice Méssegué).

Variante: Zum im Öl angedünsteten Knoblauch in der Hand zerriebener Thymian, Lorbeer, Fenchel, Salbei, dann das Wasser kochen lassen, abseihen. Mit den Eiern und den Croutons weiter wie vorher.

(frei nach Maurice Méssegué)

Variante: Safran, gemahlene und geröstete Haselnüsse, Thymian (kann bis zur gänzlichen Ersetzung des Knoblauchs durch den Thymian gehen, wodurch aus der Knoblauchsuppe eine Thymiansuppe wird).

(frei nach Victoria Serra)

Gazpacho: Je nach Geschmack werden Zwiebeln, Gurken, Tomaten, rote oder grüne Paprikaschoten, Kräuter, Schnittlauch, Weißbrotkrumen püriert, gehackt, in kleine Würfel (oder gar in Scheiben) geschnitten, gewürzt (Salz, Pfeffer), mit Wasser und Zitronensaft vermischt, mit Eiswürfeln versehen oder vor dem Auftragen gut gekühlt.

Variante: Dem Wasser und Zitronensaft einige Löffel Olivensaft (!) hinzufügen.

Varianten: Kümmel und Knoblauch hinzufügen; die Tomaten weglassen; an Stelle des Zitronensaftes Essig und Olivenöl verwenden.

Variante: Mit Kräutersalz, Pfeffer, Knoblauch und Tabasco würzen, Sonnenblumenöl, Obstessig, Joghurt, Petersilie statt Wasser und Zitronensaft verwenden, mit Knoblauchcroutons servieren.

Variante: Brösel statt der Weißbrotkrumen verwenden.
(frei nach Maurice Méssegué, Ministerio de Informacion, Moderne Küche, Barbara Rütting, Peter Fischer)
Auch hier stammt wiederum die hübscheste kulturhistorische Darstellung, die ich kenne, vom bereits beim Puchero hervorgehobenen teilnehmenden Beobachter Ernst Krüsch. Ihm ist zunächst der Gazpacho ein witterungsbedingtes Stärkungsmittel unterwegs essender armer Leute. Dieser besteht aus der Weizenbrotkrume, Olivenöl (»das durch Geruch und Geschmack sich der Wahrnehmung aufdrängt«), Salz, Knoblauch und roten oder grünen Pimientos (Paprikas). Punkt. Kein Essig, keine Gurkenwürfel, keine Tomaten, erst recht keine Eiswürfel. Erst in der Transformation dieser Speise auf dem Weg zu den Tischen der reichen Leute treten diese Bestandteile hinzu (die Gurken interessanterweise in der Gestalt eingemachter saurer Gurken) – und dann kann, Krüsch zufolge, der Gazpacho denn auch gleich mit marinierten Fischen und Krebsen angereichert werden (Rumohr/330, 331).
Gemüsesaft: Saft von Tomaten, Karotten oder Gurken mit Rahm oder Crème fraîche vermengen und nach Geschmack mit Worcestersauce, Tabasco, Zimt, Ingwer, Nelkenpulver, Anis würzen. Mit anderen Gemüsen variierbar.
(frei nach Barbara Rütting)
Joghurtsuppe: Geriebene Gurken, Salz, Knoblauch, Zitronensaft, Dill und Joghurt mischen.
Varianten: Minze dazu; Obstessig, Öl und Pfeffer statt des Zitronensaftes; Petersilie und Kresse dazu; Ersatz von Knoblauch/Zitronensaft/Dill durch Eischeiben/gehackten Fenchel/Schnittlauch; in Butter gedünsteter Sauerampfer dazu; Ersatz der Gurken durch Melone oder Rote Rüben.
(frei nach Salcia Landmann, Maurice Méssegué, Barbara Rütting)
Eine der oft und gerade in der Diktatur des Vegetariats, sträflich vernachlässigte Pièce de résistance vegetarischer Küche ist die **Sauce Aioli.** Um die Dimensionen zu veranschaulichen, an die ich bei der Produktion dieser Sauce

denke, werde ich für diesen Fall mit zweien meiner Sitten brechen: Ich werde, obwohl es wahrlich Quellen genug gibt, mein eigenes Rezept in den Vordergrund stellen, und ich werde Mengenangaben machen.

Ich nehme also 2 Knollen Knoblauch (nicht 2 Zehen, wie manche Autor/inn/en schreiben) und hacke sie fein. (Unter 20 Zehen mache ich mich erst gar nicht an die Bereitung einer Aioli). In das Mischgefäß gebe ich sodann 6 Eigelb, es können aber auch 8 sein. Beides verrühre ich leicht miteinander, um dann zunächst tropfenweise, dann im leichten Strahl das Olivenöl unter ständigem Rühren hinzuzufügen, bis sich eine leuchtend orangegelbe cremige Masse herausgebildet hat. Dann schmecke ich mit Salz und Zitronensaft ab.

Die Sauce Aioli eignet sich als Beigabe, zur Geschmacks-, Eiweiß-, Kalorien- und Naturheilanreicherung für so gut wie alle trockenen vegetarischen Bereitungen:
- für gekochtes oder gebratenes Getreide orthodox-makrobiotischer Zubereitung;
- für Tempura;
- für rohes Gemüse/Crudités (Tomaten, Champignons, Kohlrabi, Karotten, Sellerie, Gurken, Paprika, Radieschen – nur bei den Zwiebeln und bei den Avocados wäre ich vorsichtig, wenngleich aus genau entgegengesetzten Gründen), worauf Barbara Rütting zu Recht hinweist;
- für gekochtes und gebratenes Gemüse (z.B. Karfiol);
- für harte Eier.

(Und selbstredend auch für Bereitungen, die in diesem Kapitel nichts verloren haben: von Fischen und Meeresfrüchten über gekochtes Huhn bis hin zum Fleisch-Fondue).

(Quellen sind u.a. Theodor Böttiger, Manuel Gasser, Henri Toulouse-Lautrec/Maurice Joyant, Marianne Piepenstock, Barbara Rütting).

Nun hatte ich in der ersten Fassung dieses Kapitels übersehen, daß sich selbstredend auch hier, wie Mao-Tse-Tung gesagt hätte, eins in zwei teilt; nämlich, um einigermaßen präzise zu sein, in Aioli und Allioli. Während erstere (gelegentlich auch halb verächtlich als bloße Knoblauchmayonnaise bezeichnet) dem oben angeführten Rezept in etwa entspräche, darf die Allioli ausschließlich aus Knoblauch, Olivenöl, Salz und eventuell einem Teelöffel Brösel bestehen.

(frei nach Peter Fischer und Victoria Serra)

Gemüse in Kokosmilch: In Öl werden Zwiebel, Knoblauch und Haselnüsse angedünstet, mit Kokosmilch aufgegossen; nach Geschmack Melanzani, Knoblauch, Paprikaschoten, Bambussprossenscheiben, Fisolen hinzufügen und garkochen lassen. In den letzten 5 Minuten kommen noch Bohnensprossen dazu.

(frei nach Barbara Rütting)

Gemüsesuppen: Das jeweilige Gemüse wird in Öl angedünstet, mit Wasser aufgekocht (eventuell unter Zugabe eines Reform-Brühwürfels oder von Tamari Shoyu-Sauce), kurz vor dem Garwerden mit Gemüsesaft (in den Reformhäusern ist bereits eine ganze Palette von Gemüsesäften erhältlich) angereichert, mit Eigelb und/oder Rahm oder Crème fraîche legiert und mit Croutons serviert.

(frei nach Eduard Brecht und Barbara Rütting)

Bissara: Bohnen einweichen, kochen, pürieren, mit Salz, Kümmel, Piment, Olivenöl vermischen.

(frei nach Claude Aubert)

Kürbisgemüse: Dies erinnert mich an eine der größten Koch-Actions meiner frühen Jugend. Ich hatte zu einem für mich damals unvorstellbar günstigen Preis am Ottaringer Brunnenmarkt einen riesigen Kürbis erhalten, von dem ich eine Woche lang leben konnte. Um dies aber durchzuhalten, mußte ich ihn täglich anders zubereiten. Also teilte ich den Kürbis in vier Teile, zerkleinerte jeden Teil in Würfel, Scheiben oder Streifen, dünstete jeden Tag gehackte Zwiebel in Öl an, und gab die Kürbiswürfel hinzu. Am ersten Tag wurde er mit Kümmel, Dill und Rahm auf die herkömmliche Weise zubereitet (die auch Barbara Rütting nennt). Am zweiten Tag nahm ich mehr Zwiebeln, beinahe ebenso viele wie Kürbiswürfel, und simulierte ein „Kürbisgulasch", indem ich mit Paprika, Majoran und Kümmel würzte. Am dritten Tag wurde, auf die oben bereits beschriebene Weise, ein Kürbiscurry daraus. Am vierten Tag bereitete ich die Kürbiswürfel in einer Senfsauce. Am fünften bis siebten Tag aß ich die Reste, und zwar täglich einen anderen. Danach konnte ich aber für längere Zeit keinen Kürbis mehr sehen.

Spätzle: Aus Mehl, Wasser, Milch, Salz, Muskat und so vielen Eiern, wie der Teig aufnimmt, einen solchen formen, und ihn schlagen, bis er Blasen wirft. Vom Spätzlebrett oder mit einer Maschine in kochendes Salzwasser schaben oder drücken, nach dem Auftauchen mit einem Schaumlöffel in kaltes Wasser geben. Sehr gut abtropfen lassen.

(nach Thilo Kloeck und Fritz Oenke, denen ich 1981 beim »Spätzle schabe« assistieren durfte; auch frei nach CMA und Thaddäus Troll)

Kastaniengemüse, vegetarische Varianten:
1. In Wasser mit Fenchelstengel kochen. Schälen (was immer heißt: beide Schalen abschälen) und in eine Schale mit dampfender Milch geben.
2. Mit einem gesalzenem Apfel kochen (bereits geschält).
3. In Gemüsebouillon (ebenfalls bereits geschält) kochen, mit Zwiebeln in Fett anbraten, mit brauner Butter zu Tisch geben.
4. Mit Kohlsprossen (ungefähr halb-halb) in Butter dünsten.
5. In Wein kochen.

(frei nach Michel Abehsera, Eugenie Erlewein, Manuel Gasser, Maurice Méssegué, Marianne Piepenstock)

Ratatouille: Zwiebel, Paprika, Tomaten, Zucchini, Melanzani, Knoblauch werden in Scheiben/Streifen geschnitten, in Öl angedünstet, Salz und Pfeffer hinzugeben, 15 Minuten dünsten lassen, mit Petersilie überstreuen.

(frei nach Marianne Piepenstock)

Allerdings eine Art mittelmeerisches Universalgemüse: mit wenigen variierenden Handgriffen wird daraus das ungarische Lecso, der jugoslawische Djuvec, der türkische Imam Bayildi. Meines Erachtens allerdings nur im Sommer zu empfehlen: kaum etwas schmeckt so schauerlich wie Ratatouille um Silvester.

Varianten:

1. mit Basilikum, Thymian, Pfeffer würzen.
2. arabisch: mit Koriander, Oregano, Paprikapulver, Kreuzkümmel, Ingwer und Zitronensaft abschmecken.

(frei nach Barbara Rütting)

3. mit Artischockenböden und in Scheiben geschnittenem Fenchel.

(frei nach Raymond Oliver)

Dauphin-Kartoffeln: Kartoffeln in Scheiben schneiden. Eine Backform gut mit Knoblauch und Butter ausreiben, die Kartoffelscheiben einschichten. Jede Lage mit viel Reibkäse, Salz, Pfeffer, Muskat überstreuen. Eier mit viel Milch, Salz und Pfeffer glattrühren, die Kartoffeln übergießen. Mit Reibkäse und Butterflocken versehen, im mittelheißen Ofen ca. eine halbe Stunde backen.

(frei nach Marianne Piepenstock)

Macedoines: Gemüsemischungen; die Gemüse werden jeweils feingeschnitten und blanchiert und in Butter gedünstet. (Nichtvegetarier können Consommé, Industriezuckerfreunde Zucker hinzugeben.)

Im Frühjahr: Fisolen, grüne Erbsen, Karfiol, Karotten, Spargelspitzen.

Im Sommer: Karotten, weiße Rüben, kleine Zwiebeln, geschälte Saubohnen, Karfiol, Artischockenböden, Kohlrabi.

Im Winter: Karotten, weiße Rüben, Kohlsprossen, Champignons, Schwarzwurzeln, Zeller.

(frei nach Johann Rottenhofer)

Raita: Gurken reiben, eine Stunde lang beiseite stellen. Zwiebeln fein hacken, Joghurt, Kreuzkümmel und Salz hinzufügen. Beides intensiv vermischen.

(frei nach Syed Abdullah)

Rosinen-Chutney: Apfelessig mit Rosinen kochen, bis letztere platzen. Ingwer, Knoblauch, Cayennepfeffer, Salz sowie Zucker nach Geschmack hinzufügen.

(frei nach Syed Abdullah)

Frucht-Chutney: Äpfel, Marillen, halbreife Pflaumen (alle Früchte in kleine Stücke geschnitten), Rosinen, Curry (s.o.), Kreuzkümmel, Ingwerscheiben, Essig, Cayennepfeffer, Knoblauch und Salz in einem großen Topf bei mittlerer Hitze eine Stunde kochen.

(frei nach Syed Abdullah)

Mit der kleinen Auswahl explizit vegetarischer Küche mit Niveau hoffe ich hinlänglich aufgewiesen zu haben, daß es sich bei der Diktatur des Vegetariats keineswegs um ein Naturgesetz handeln muß. Dabei ist dies auch meinem Verständnis nach längst noch nicht alles. Weitere »vegetarische« Gerichte werden bei Erörterung der Makrobiotik, der gefüllten Eier, der Salate und Saucen, der Desserts erwähnt werden müssen.

5. Für eine undogmatische Makrobiotik

»Makrobiotik« bedeutet wörtlich die Lehre vom langen Leben; sie wird bei den beiden Autoren, die sich am meisten mit der Darstellung makrobiotischer Lebensweise befaßt haben, Hufeland und Ohsawa, auch wiederholt in diesem Sinne verstanden. Hier will ich mich bei diesem Punkt nicht besonders aufhalten, abgesehen davon, daß es mich skeptisch stimmt, daß weder Hufeland noch Ohsawa ein besonders hohes Alter erreicht haben. Es geht mir primär um die exemplarische Darstellung der Makrobiotik als einer Gleichgewichtsküche.

Die Makrobiotik genießt keinen besonders guten Ruf. Exemplarisch ließe sich dafür ihre Darstellung im Nachwort Rolf Brücks zur Neuauflage des Buches von Hufeland heranziehen. Hufeland erscheint hierin als verknöcherter protestantisch-ehestandsfreundlicher Mäßigkeitsapostel, dem immerhin noch philosophischer Tiefgang zu konzedieren sei (im bewußten Band ist denn auch ein Feed-Back Kants zur Hufelandschen »Makrobiotik« abgedruckt). Ohsawa gar wird zum Verfasser zen-buddhistisch übertünchter Rezeptsammlungen – als ob nicht in zwei Dritteln seiner Arbeiten Rezepte keine Rolle spielen würden.

Diese Verkennung hat zwei Ursachen. Zum einen jene undifferenziert-dogmatische Anhängerschaft, die von Rolf Brück als »Makrobioten« (im Gegensatz zu den Hufelandschen »Makrobiotikern«) bezeichnet worden ist. Zum anderen ist die Theorie Georges Ohsawas in einer Reihe von Momenten in sich widersprüchlich und muß entsprechend in diesen Punkten kritisiert werden, wie die Lehren anderer Theoretiker auch. Zur Ausgrenzung besteht kein Anlaß.

»Soll ich noch einmal erklären, daß meine medizinische Philosophie paradox, dialektisch, selbst von Kindern leicht zu erlernen und höchst praktisch ist? Die Theorie ist einfach. Nur ein Prinzip ist zu verstehen: Yin-Yang. Dieses Prinzip ist es, zu dem Toynbee kam, als er die Schlußfolgerung seiner langen geschichtlichen Forschung zog. Man kann dieses dialektische Yin-Yang-Prinzip auf jeder Ebene des Alltagslebens anwenden, da es die logische und kosmologische Grundlage unseres Lebens ist...« (Ohsawa, Zen-Makrobiotik/16). Hierfür sind ihn Essen und Trinken eine wesentliche Grundlage. Oshawas Indikatoren der Gesundheit sind, niemals Müdigkeit zu verspüren, guten Appetit, guten Schlaf, gutes Gedächtnis und gute Laune zu haben, rasch denken und handeln zu können (Ohsawa/23–29).

»Es gibt 10 Arten zu essen und zu trinken, mit deren Hilfe Sie ein gutes und glückliches leben aufbauen können, wenn sie wissen, wie Sie ein gutes Gleichgewicht von Yin und Yang in Einklang mit der Philosophie des Ostens finden«

Diese im folgenden aufgeführten Wege sind geeignet, das zentrale makrobiotische Klischee aufzuweichen, es würde sich bei der Makrobiotik um eine Spielart des Vegetarismus, um »Körnerfresserei« handeln. Um diese kann es sich auch handeln – jedoch unter bestimmten Bedingungen, die im vulgär-makrobiotischen Diskurs zumeist unterschlagen werden.

Die »10 Wege« sehen, nach Mengenprozenten geordnet,wie folgt aus:

Nr. 7: 100% Ceralien.
Nr. 6: 90% Ceralien, 10% Gemüse (besonders wasserlos gedämpftes, kleingeschnittenes, das Ohsawa als »Nituhe« bezeichnet.
Nr. 5: 80% Ceralien, 20% Gemüse.
Nr. 4: 70% Ceralien, 20% Gemüse, 10% Suppe.
Nr. 3: 60% Ceralien, 30% Gemüse, 10% Suppe.
Nr. 2: 50% Ceralien, 30% Gemüse, 10% Suppe, 10% tierisches Eiweiß.
Nr. 1: 40% Ceralien, 30% Gemüse, 10% Suppe, 20% tierisches Eiweiß

Nr. -1: 30% Ceralien, 30% Gemüse, 10% Suppe, 20% tierisches Eiweiß, 10% Salat und Früchte.

Nr. -2: 20% Ceralien, 30% Gemüse, 10% Suppe, 25% tierisches Eiweiß, 10% Salate und Früchte, 5% Nachtische.

Nr. -3: 10% Ceralien, 30% Gemüse, 10% Suppe, 50% tierisches Eiweiß, 15% Salate und Früchte, 5% Nachtische.

Die weiteren Speisenormen Ohsawas bestehen in der Vermeidung denaturierter Nahrung (Zucker, Farbstoffe, Konserven, chemisch behandelte Nahrungsmittel, mit Kunstdünger oder Insektiziden produzierte Güter) sowie jener Nahrung, die von weither kommt oder nicht der natürlichen Jahreszeit entspricht.

Hier muß bereits der kritische Kommentar einsetzen. In Widerspruch zu seiner Konservenkritik ruft der Autor im Vorwort emphatisch aus: »Wenn die Nahrungsmittelindustrie…die makrobiotischen Nahrungsmittel und Getränke annehmen und industrialisieren würde, so würde das in der Geschichte der Menschheit die erste Ernährungsrevolution bedeuten…« (Ohsawa/6); ebenso in Widerspruch zu sich selbst empfiehlt Ohsawa permanent Europäern und Amerikanern japanische Nahrungsmittel (oft genug erklärt er nicht, um welche es sich handelt), von welchen wir selbstredend nicht wissen, in welcher Jahreszeit sie produziert worden sind. Davon abgesehen – und die Widersprüche jeweils undogmatisch »intuitiv« und in vorsichtigen Mengen aufgelöst – besteht kein Gegensatz hierin zu den Nahrungstheoretikern der Spätaufklärung (Brillat-Savarin, Rumohr) oder zu den Prinzipien der Nouvelle Cuisine (Bocuse, der inzwischen allerdings auch schon konserviert; Neuner-Duttenhöfer, der nicht zufällig ein »Jahreszeiten-Kochbuch« abgefaßt hat). Auch verstehe ich Wolfgang Pohrts Polemik in seiner Monographie über den Gebrauchswert nicht ganz, wenn er den Linken vorschlägt, sich eher an Brillat-Savarin zu orientieren als an ökologistischen Speisenormen: so weit sind in vielem gerade diese nicht voneinander entfernt.

Weiter im Text. Ohsawa schlägt den Weg zur Nr. 7 in folgender Form vor: »Mit der Besserung Ihrer Gesundheit ... können Sie, wenn Sie wollen und das Abenteuer suchen, langsam und sehr sorgfältig ... die einfacheren Wege suchen...Tritt keine Besserung ein..., versuchen Sie eine oder zwei Wochen oder einen Monat den 7. Weg« (Ohsawa/35). Daraus wird zweierlei klar: Erstens, die überaus vorsichtige Formulierung einer fünffachen Kautele – und zweitens, daß die Diät Nr. 7 eine ausgesprochene Krankendiät ist, durch deren Mißbrauch Gesunde sich totfasten können. (Ohsawa selbst hat ja auch bekanntlich seinen eigenen Suizid so begangen). Durch den wiederholten Hinweis auf die »Einfachheit« und »Weisheit« der Diät Nr. 7 wie durch sein »auch ohne jede Gefahr ... so lange Sie wollen« hat Ohsawa allerdings diesem Mißverständnis Vorschub geleistet. Oder: »Ein freier Mann kann alles essen und es wird ihm nicht schaden« (zit. Abehsera/60).(Daß die Diät Nr. 7 allerdings eine exzellente Krankendiät ist, dafür gibt es vielfältige Indizien. Sie reichen von Hufeland, der sich auch schon auf gesichertes Wissen bezieht, bis zum Hausarzt meiner Jugend, Gallistl; sie hat sich bei schweren Krankheiten zum Teil ebenfalls bewährt, ist auch der neuerdings im AIDS-Zusammenhang wiederentdeckten Dinkel-Diät der Äbtissin Hildegard von Bingen nicht unähnlich.)

Weiter bestehen Ohsawas Speisenormen aus Vorlieben (insbesondere Meersalzprodukten) und Verboten: Nachtschattengewächse (Kartoffel, Tomate, Melanzani), Kaffee, Gewürze, letztlich auch exotische Früchte. Auch soll so wenig wie möglich Flüssigkeit getrunken werden. Hier wird Ohsawa gegenüber seiner eigenen Gleichgewichtsküche inkonsequent, zumal er auch an anderer Stelle, meines Erachtens zu Recht, betont: »Sie können im Einklang mit der Ordnung des unendlichen Universums (gemeint ist das Yin-Yang-Prinzip, Anm. R.S.) alles essen...« (Ohsawa/105). Wenn alles eine Frage der Menge, des Gleichgewichts und der Bereitung ist, sind absolute Verbote undialektisch. In der Praxis hält sich Ohsawa angenehmerweise auch nicht an seine eigenen

64

Dogmen. An einer Stelle eines anderen Buches kocht er (nach seiner immanenten Logik, sinnvollerweise) einen Eintopf aus Melanzani und Lachs (die sich gegenseitig »neutralisieren«), und er verwendet auch zu manchen Speisen Zimt, Orangenschalen oder Ingwer.

Denn wie »yin« (kalt, sauer, den Sympathicus betreffend) oder »yang« (heiß, basisch, den Parasympathicus betreffend) sind, hängt nicht nur von der Grundsubstanz der Speisen ab, sondern auch von Klima, Wetter, individueller Disposition, Jahreszeit und Zubereitung. Entsprechend fällt ein guter Teil gegenseitiger Polemik in sich zusammen: die (von Ohsawa als »Yin-Diät« denunzierte) Vorliebe des Naturheilers Jarvis aus Vermont für Apfelessig und Honig ließe sich möglicherweise dadurch erklären, daß die Bedingungen in Vermont andere sind als in Japan oder Frankreich; wie diesen denn auch die aus dem Iran herrührende Mazdaznan-Diät nicht unbedingt kompatibel ist.

Diese Überlegungen erscheinen mir in einem gastrosophischen Kontext überhaupt nicht als Ausdruck bloß akademischer Interessen an den Speisenormen diätetisch orientierter Sekten. Wenn wir nämlich einen großen Teil der Rezepte überlieferter Volksküchen betrachten, stoßen wir auf eine Fülle von unvermuteten, intuitiv oder aus Erfahrung entstandenen Zusammenhängen. Oft scheint es, in den Volksküchen seien Makrobiotiker/innen tätig gewesen.

Die Bereitung betreffend läßt sich nämlich der makrobiotischen Orthodoxie das Folgende an Grundsätzen entnehmen:

Ins-Gleichgewicht-Bringen (»Neutralisieren«) von Speisen, die dem »Yang«-Bereich (insbesondere tierische Eiweiße) zugeordnet werden (»yinnisieren«):

1. Bereitung mit viel Wasser (gilt als »yin«) oder anderen vergleichbaren Kochflüssigkeiten, also kochen.
2. Zerkleinerung des Kochguts.
3. Würzung mit »Yin«-Substanzen (also scharfen oder aromatischen Gewürzen).
4. Säuern.

M. Grüne

5. Zusammenkochen mit Gütern aus dem »Yin«-Bereich (etwa Lachs mit Auberginen).

Ins-Gleichgewicht-Bringen (»Neutralisieren«) von Speisen, die dem »Yin«-Bereich (insbesondere Obst und Gemüse) zugeordnet werden (»yangisieren«):

1. Bereitung mit wenig Wasser (oder ohne dasselbe) also dünsten, braten, backen.
2. Vergrößerung (etwa Umhüllung) des Kochguts.
3. Würzung mit »Yang«-Substanzen (insbesondere Salz).
4. Zusammenkochen mit Gütern aus dem »Yang«-Bereich.

Wenn wir uns nun die Topographie des makrobiotischen Kosmos veranschaulichen, genügt ein leichtes Abstecken der Landkarte, um uns die zusammengekochten Eintopfgerichte etc. zu vergegenwärtigen (wobei ich der topographischen Darstellung von Jan van Baarde folge, die mir übersichtlicher erscheint als Ohsawas Tabellen).

Yin

Chemische Mittel
Alkohol: Bier, Wein...Liköre
Süssigkeiten: Rosinen...Honig...Zucker
Getränke: Ginseng Tee, Mu Tee...Tee...Kaffee
(sub)tropische Früchte: Grapefruit, Zitrone, Banane...Mango
Öle, Nüsse: Sesam, Sonnenblume...Oliven...Margarine
Früchte: Kastanie, Apfel...Ribisel...Melone, Traube
Algen: Wakame, Kombu, Nori
Yang Gemüse: Knoblauch, Kürbis...Salat...Tomate...Paprika Yin
Wurzeln: Lotus, Löwenzahn...Karotte, Rettich...Kartoffel
Milch(produkte): Ziegenkäse...Milch...Joghurt
Bohnen(produkte): Shoyu Miso...Linsen...Bohnen...Tofu

Getreide: Brot, Buchweizen, Hirse...Roggen...Keimlinge
Fisch: Sardine, Hering...Karpfen...Muschel...Auster
Fleisch: Hase...Schaf, Rind, Schwein...
Geflügel:Ei...Fasan...Huhn
Salz

Yang

Jetzt können wir beispielsweise verstehen, warum für Ohsawa ein Steak zu den Ausgeburten der Hölle zählt: es basiert nicht nur auf einem Produkt auf dem oberen Ende der »Yang«-Skala, sondern wird in der Bereitung (braten, grillen) noch zusätzlich »yangisiert« und müßte im Sinne der Gleichgewichtsküche neben Pommes frites und Salat noch zusätzlich von einem Viertel Kilo Brot, nach Möglichkeit Vollkornbrot, begleitet sein. So kommt Ohsawa dann auch in Verlegenheit, die Frage nach der »Neutralisierung« des Steaks zu beantworten (während ihm zum Ziegenkäse die gängige Kombination mit Rotwein einfällt). Der Topographie (und auch meiner geschmacklichen Intuition) folgend, hätte ich wahrscheinlich geantwortet: das Steak halbieren, nicht grillen, sondern in aufgekochtem Dessertwein (z.B. Marsala) pochieren; da würde ich zwar nicht beim Optimum, dem Reis, landen, aber immerhin noch in der Gegend der Karotte.

Lange Rede kurzer Sinn: Wenn wir, von der Krankenküche abgesehen, die enge Beschränkung auf die »guten« Gerichte (zu denen im allgemeinen nur die Cerealien und der Großteil der Wurzelgemüse gezählt werden) verlassen und das makrobiotische Selbstverständnis von der Gleichgewichtsküche und der Neutralisierung mit reflektieren, erweitert sich das implizit makrobiotische Repertoire um vielfache Bereicherungen, die allesamt den diversen Volksküchen entstammen:

– Fische, in aromatischen Kochflüssigkeiten pochiert (bis hin zur Bouillabaisse, mit ihren Zugaben an Weißwein, Orangen, Anis bzw. Anisschnaps, Safran, Tomaten);

- Fleisch, das mit »Yin«-Gemüsen zusammengekocht wird (Irish Stew, Erdäpfelgulasch, Moussaka, Melanzanigulasch, Puchero, Gulaschsuppe...);
- Fleisch, das mit »Yin«-Früchten zusammengekocht wird (das französische Schweinefleisch mit Zwetschken, das Ananashuhn, die Hamburger Aalsuppe);
- Fleisch, das mit »Yin«-Gewürzen zusammengekocht wird (Gulasch, Curry, Couscous...);
- Fleisch, das mit »Yin«-Kochflüssigkeiten zusammengekocht wird (Rindfleisch auf Burgundische Art, Coq au vin, böhmisches Schweinefleisch in Biersauce, in Essig und Knoblauch mariniertes Schweinefleisch, die indonesische Schwarze Ente, der Borschtsch, bei dem der milchsauer vergorene Rote-Rüben-Saft die Kochflüssigkeit darstellt, die Kutteln à la mode du Caen...);
- Gemüse, das in Fleischbouillon gekocht wird (z.B. die türkischen Fisolen, Varianten des indonesischen Sajor...);
- Obst und Gemüse, die in Teig umhüllt gekocht oder gebacken werden (Obstknödel, Tempura, Beignets, manche Fritti misti, Won-ton, Kreplach, Maultaschen, Ravioli...).

Um aber die orthodoxen Makrobiotiker nicht allzusehr zu provozieren, werde ich diese Rezepte nicht hier, sondern im Zusammenhang meiner abschließenden Synthesebemühungen niederschreiben und mich hier auf Rezepte aus dem Formenkreis der Orthodoxie beschränken:

REZEPTE:

Reis: Vollreis in kochendes Wasser einstreuen und eine dreiviertel Stunde lang auf kleinstem Feuer aufquellen lassen. Kann mit Meersalz, Shoyu oder Miso gewürzt werden – das Shoyu kann auch bereits dem Kochwasser beigegeben werden.

Kastanienreis: Weich vorgekochte Kastanien werden mit dem Reis weiter gekocht.

Reissuppe: Reis in 5–7 mal soviel Wasser kochen und mit Croutons und/oder Petersilie servieren.
(frei nach Georges Ohsawa)

Gebratener Reis: Reis kochen, in Öl mit kleingeschnittenen Karotten, Schalotten, Zwiebeln, Kohlblättern (evtl. auch Krabben) braten. Shoyu hinzufügen.

Nituke: Gemüse so fein wie möglich schneiden, in etwas Öl gut dämpfen, nach Geschmack gerösteten Sesam hinzugeben und salzen.

Gemüsevarianten: Karotten; Endivien; Zwiebeln; Kresse; Kraut mit Zwiebeln; Zeller mit Schalotten; Broccoli; Steckrüben; Fisolen; vorgekochte Kichererbsen. Alle Varianten können auch unter Hinzufügung von Zwiebeln und Knoblauch bereitet werden.

Misosuppe: Zwiebeln, Karotten, Wakame-Algen und Kohlblätter in Öl sautieren, dann in kochendes Wasser geben, das in einer halben Tasse Wasser aufgelöste Miso hinzufügen, 15 Minuten kochen.

Tempura: Aus Mehl (wobei zwischen verschiedenen Arten und Mischungen, Vollweizenmehl, Buchweizenmehl etc., variiert werden kann), Wasser und Salz einen Teig zubereiten – Abehsera empfiehlt das Einarbeiten eines Eiswürfels in den Teig – und das Kochgut mit diesem Teig umhüllen. In einem Öl schwimmend ausbacken, dessen Temperatur möglichst gleichbleibend auf 180 °Celsius gehalten werden soll.

Als zur Tempura geeignetes Kochgut wird in der makrobiotischen Literatur angeführt (jeweils zerkleinert, in Quadrate geschnitten oder wie immer): Karotten; Karfiol; Zeller; Broccoli; Maroni; Krabben; Eier (in eine Schüssel mit Tempurateig hineinbrechen, umhüllen, behutsam in das heiße Öl gleiten lassen); nahezu alle Arten Fische und Meeresfrüchte. (Aus eigener Anschauung möchte ich noch Äpfel und Huhn hinzufügen.)

Variationen: Backteig aus Mehl, Salz, Ei und Bier; aus Mehl, Salz, einem Ei und Selterswasser; aus Mehl, Salz, Sesamöl, Weinbrand und dem Schnee von zwei Eiern; Backteig mit Curry würzen.
(frei nach Michel Abehsera und Georges Ohsawa)

Tempura-Varianten von Marianne Piepenstock, Barbara Rütting, Syed Abdullah – der auch Kartoffeln und Spinat als geeignet darstellt – Takeho Yamahaze und Eugenie Erlewein. Bei Peter Fischer heißt es »Fritto misto«.

Kaviar der Armen: Fischrogen 10 Minuten in sprudelndem Wasser kochen, häuten, mit jeweils 1–2 Eßlöffeln Tahin, Shoyu und Wasser vermischen.

Apfel-Maroni-Auflauf: Beides vorkochen und in beliebiger Mischung auf einen Teigfladen legen, mit Zimt, Muskat, geriebenen Orangenschalen und Meersalz würzen, im Backrohr ausbacken.

Bratäpfel oder Äpfel im Schlafrock: Vor der einschlägigen Bereitung wird das Kerngehäuse ausgestochen und entweder mit gesalzenem Tahin oder mit einer Zimt-geriebene-Orangenschalen-Rosinen-Mischung gefüllt (bei Rütting auch mit Marmelade).

Um in diesem Kapitel abschließend noch einmal kurz auf das ganz und gar Unspektakuläre und Unesoterische der makrobiotischen Speisenormen hinzuweisen, will ich mir noch einen Ausflug in eine vollständig andere gastronomische Kultur gestatten.

Frau Eugenie Erlewein, deren »Hauswirtschaftslehre« in München 1971 in der 30. Auflage erschienen ist, hat möglicherweise gerade noch vom Hörensagen den Namen Hufelands mitbekommen, ist jedoch mit Sicherheit keine Zen-Buddhistin und von der Diktatur des Vegetariats meilenweit entfernt. Und was lesen wir auf Seite 550 dieses Weihenstephaner Standardwerks aus Anlaß der Nierenbecken- und Blasenentzündung? Daß bei Säureüberschuß Fleisch, Fisch, Käse, Fette, Getreideprodukte, Backwaren, Hülsenfrüchte und Nüsse erlaubt, Kartoffeln, Gemüse, Obst, Milch, Sauermilch und Joghurt verboten seien und wenig Flüssigkeit zu sich genommen werden sollte – und daß es sich bei Blasenüberschuß genau umgekehrt verhalte, wobei in diesem Falle auch Tee und Kaffee zu den erlaubten Getränken zähltén! Ein Blick auf die makrobiotische Topographie genügt, um festzustellen, daß hinsichtlich der genannten Speisen eine so gut wie hundertprozentige Übereinstimmung besteht. (Im Detail verliert sich zwar die Vollständigkeit: Eugenie Erlewein äußert sich nicht zum Zucker, auch sind ihr Kakao, Kohlspeisen, Hopfensprossen, Preiselbeeren mehr »Yang«, Kastanien, Blutwurst, Speck, Pumpernickel mehr »Yin«, als dies der makrobiotischen Topographie entspräche. Dennoch bleibt das hohe Ausmaß der interkulturellen Übereinstimmung außerordentlich erstaunlich. Zur weitgehenden Übereinstimmung von Makrobiotik und schulmedizinischer Sympathicus-Parasympathicus-Forschung siehe den im Literaturverzeichnis angeführten Band des Wiener Hochschullehrers Walther Birkmeyer).

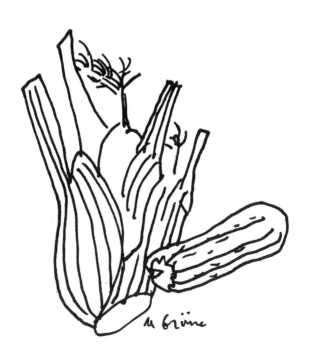

6. Makrobiotische Momente bei klassischen Schriftstellern der Gastrosophie

Wenn wir zu den im Vorkapitel angeführten Speisenormen noch zwei hinzufügen, die nicht in direktem Maße mit der Auswahl und Bereitung von Nahrung vermittelt sind, nämlich

– die Reduktion der Nahrungsmittelmenge auf das notwendige Minimum (»vivere parvo«) (etwas, womit ich mich bekanntlich bislang zeitlebens schwer getan habe)

– und das (meines Erachtens auch zur Steigerung der Genußfähigkeit recht wichtige) Erfordernis des guten Kauens (30–50 Mal pro Bissen),

so haben wir das gastrosophische Selbstverständnis der zeitgenössischen Makrobiotik in etwa beisammen.

Hufeland, auf dessen Schrift ich nur insoweit eingehe, als sie mit unserem Gegenstand zu tun hat, beginnt schon mit dem ganzheitlichen Ansatz von Makrobiotik, während »die Mittel der Medizin…nur auf den gegenwärtigen Zustand und dessen Veränderung berechnet« sind (Hufeland/11). Zum »vivere parvo« fällt ihm der Neapolitaner Cornaro ein, der täglich »nicht mehr als 24 Lot Speise und 26 Lot Getränke« zu sich nahm (Hufeland/26–28). Sein zentraler Begriff ist die »Lebenskraft«, die in ihrer Funktionsweise etwa dem entspricht, was wir heute als Abwehrkräfte bezeichnen würden, wobei bei ihm psychosomatische Aspekte durchaus eine Rolle spielen (z.B. Hufeland/36,38f.,40,47,50,137). Innerhalb der Lebenskraft spielen bei ihm Yin und Yang ebenfalls eine vergleichbare Rolle (auch wenn er sie selbstredend nicht so bezeichnet): Die Kälte ist ihm der Hauptfeind allen Lebens (Hufeland/40), wobei eine mäßige Abhärtung gegen Kälte lebensfördernd wirkt (nach Hufeland/

58,59,70,108f.,180)) – und die Freunde des Lebens sind ausnahmslos Yang, auch wenn sie sich im Yin (Wasser) befinden: Licht, Wärme, Sauerstoff (Hufeland/ 41–43,66–68). Zentral ist ihm jedoch, wir hörten es bereits, das Gleichgewicht zwischen kalt und warm, trokken und feucht, hoch gelegen und niedrig gelegen, ruhig und bewegt (Hufeland/70,77–81,171,183ff.).

»Die Freuden der Tafel sind ihm wichtig, stimmen sein Gemüt zur Heiterkeit, seine Seele genießt mit... eine Art der Wollust, die ihn reicher macht. Er ißt langsam und hat nicht zu viel Durst« (Hufeland/96). Dieses Porträt würde Ohsawas »Wer nicht genußfähig ist, soll nicht leben« entsprechen, wie es auch zu Brillat-Savarins' Leitsatz »Der Mensch lebt nicht, um zu essen, sondern, um gut zu essen« (Brillat-Savarin/9,23) paßt. »Speisen und Getränke müssen rein..., gering reizend (denn auch ihr Reiz ist zur gehörigen Verdauung und ganzen Lebensoperation nötig), aber auch mit einem gehörigen Anteil von Wasser oder Flüssigem verbunden sein« (Hufeland/112). Auch Umweltvergiftung und andere ökologische Fragen spielen bei ihm schon eine Rolle (Hufeland/148, aber auch 131, 179), »Und wenn ich nicht sehr irre, so werden wir endlich auch durch politische Verhältnisse genötigt, wieder dahin zurückkommen. Der Mensch wird sich der Mutter Natur und Erde wieder mehr nähern müssen, von der er sich in allem Sinn zu sehr entfernt hat ... sollte man die gute Sorge tragen, den Sinn für die Natur in sich nicht vergehen zu lassen« (Hufeland/182,183). Damit es nicht in Vergessenheit gerät: wir schreiben 1796, und der Verfasser ist kein radikalbukolischer Rousseauist, sondern ein Freund Goethes, Wielands und Kants.

Hinsichtlich der Nahrungsmittel (zu Bereitung äußert sich Hufeland so gut wie nicht) bestehen zum einen folgende Übereinstimmungen zwischen der Hufelandschen und der Ohsawaschen Makrobiotik:
1. Fleisch ist »reizend« und »erhitzend«, während Gemüse und Früchte »flüssig«, »wässrig«, »kühl« sind Hufeland/194–207). Das zur Fäulnis neigende Fleisch ist folglich durch Brot, Gemüse, Obst und Wein zu neutrali-

sieren (Hufeland/198f.); wenn es fett ist, durch Gemüse und Wein, oder auch durch Salz (Hufeland/200).

2. Wild ist Haustieren, Freilandtiere sind Käfigtieren (1796!), Seefische den Flußfischen, die anderen Tiere dem Schwein, die anderen Fische dem Karpfen und dem Aal vorzuziehen (Hufeland/200–202).

3. Körner und Brot sollen oft Nahrungsbestandteile bilden (Hufeland/203f.); wie denn auch Getreidebreie, -grützen, -suppen als Hilfsmittel besonders bei Krankheit und Alter gepriesen werden (Hufeland u.a. 45,65,66–68,108f.,115,129,193,221ff.).

4. Als ausgleichende Speisen werden die Gemüsewurzeln und der Apfel geschätzt; die Kartoffel wird abgelehnt (Hufeland/195f.,203–207).

5. Die bevorzugten Getränke sind Quellwasser und Tee (Hufeland/55,65,69,196). Zucker und Schnaps werden abgelehnt, die Haltung zum Wein (und auch zum Tabak) bleibt ambivalent, d.h. Hufeland lehnt sie in seinen allgemeinen Betrachtungen ab, um in seinen Fallgeschichten zum Teil das genaue Gegenteil zu beschreiben (Hufeland/59,65–68,70,99,115,193,197).

6. Der Fleischgenuß hat innerhalb des Gleichgewichts seine Funktion, soll aber in Maßen gehalten werden (z.B. im Sommer – yang! weitgehend vermeiden) (Hufeland/65–68,69,108f.,195,198f.,207).

7. Weiter bestehen Übereinstimmungen hinsichtlich der weitgehenden Ablehnungen ärztlicher und pharmakologischer Interventionen (Hufeland/59, 216–220, 221ff.), der Vermeidung von Überernährung (Hufeland/65,132 etc.), des langsamen Essens (Hufeland/ 192), der Skepsis gegenüber solchen zusammengesetzten Speisen, wo Yin oder Yang einander verstärken (Hufeland/133) – und des großen Werts, der auf die sexuelle Genußfähigkeit gelegt wird (Hufeland/ bes.65–69,81,88ff.,171).

Differenzen bestehen hingegen in folgenden Punkten:

1. Während für Ohsawa Knödel, Teigwaren, Hülsenfrüchte und Kastanien zu den bevorzugten Lebensmit-

teln gehören, lehnt sie Hufeland als schwerverdaulich ab (203ff.) – wobei es wiederum zu Ambivalenzen hinsichtlich seiner Fallgeschichten kommt (66–68,69).

2. Milchprodukte (die bei beiden eine Zwischenstellung zwischen Pflanzen und Tieren einnehmen) insbesondere in gesäuerter Form, steht Hufeland viel positiver gegenüber als Ohsawa, der sie, seiner japanischen Tradition gemäß, ständig durch Sojaprodukte ersetzen will (Hufeland/u.a. 65–68,183ff.,195,202,221).

3. Hufeland schätzt Trauben und Zwetschken höher ein (203ff.) und ist auch Gewürzen gegenüber aufgeschlossener (207f.).

Aber: »Der Begriff der guten Diät ist etwas relativ; wir sehen, daß gerade die Menschen die ältesten wurden, die gewiß keine ausgesuchte ängstliche Diät hielten...« (Hufeland/191f.).

Anthelme Brillat-Savarin (seine »Physiologie des Geschmacks« ist 1825 fertiggestellt worden) strebt einen anderen Ansatzpunkt an als Hufeland. Ihm ist die Diätetik eine Art Hilfswissenschaft jeder Gastrosophie, die im Zentrum steht. Es würde beispielsweise lohnen, Brillat-Savarin als einen Vorläufer der Psychoanalyse zu lesen, was indes hier nicht geschehen kann.

Gleichwohl gibt es selbst bei ihm eine Reihe von Übereinstimmungen mit Momenten makrobiotischer Nahrungsnormen, so die folgenden:

1. Die vehemente Ablehnung der Kartoffel als bloßen »Schutzmantel gegen die Hungersnot« (Brillat-Savarin/274,78).

2. Trotz all der Fetischisierung des Alkohols (nicht nur des Weins, sondern auch der Liköre) ist bei Brillat-Savarin eine Hochschätzung des Quellwassers und des Tees zu lesen. Und wie sehr er auch den Kaffeegenuß anschaulich beschreibt – bis hin zur Bereitung des Kaffeepulvers mit dem Mörser und zum Doppelaufguß des Kaffees mit der ersten Aufkochung des Kaffees –, so warnt er vor dem Mißbrauch mit dem Satz: »Er macht früh alt« (Brillat-Savarin/147, auch 144f.,146,174,228, insbesondre 473).

3. Brillat-Savarin schätzt ebenso die Fische außerordentlich (124–127) wie das Wild (u.a. 209ff.,269,430–432).

4. »Der Koch ist dem Apotheker überlegen, da er fortdauernd, und nicht nur gelegentlich, mit der Erhaltung der tierischen Mechanismen (sic!) betraut ist« (367, auch 37,200–202,207).

Der gravierendste Widerspruch Brillat-Savarins betrifft hingegen dessen euphorisches Lob des Zuckers, der damals neu aufgekommenen Patisserie (96,137ff.,348ff.) und ebenso der (zu trinkenden) Schokolade (150–157). Auch sein ellenlanger Exkurs über Trüffeln ist ebensowenig dazu angetan, die Diätetik mit der Feinschmeckerei zu vermitteln, wie seine elitären Präokkupationen für die Fleischküche (s.bes. 209ff.). Allerdings ist zu betonen, daß Brillat-Savarin in derlei Überlegungen nicht aufgeht – wir werden uns seine Schrift in den Schlußkapiteln wieder vornehmen.

Deutlicher als bei Brillat-Savarin treten in Carl Friedrich von Rumohrs »Vom Geist der Kochkunst« (um 1830) die Parallelen zutage – wenn auch Rumohrs Wert eher in seinem Beitrag zur Legitimierung unserer Synthesebemühungen zu sehen ist. Auch wenn einem sein Bestreben (übrigens auch das der Prato) auf die Nerven gehen kann, tunlichst jeden französischen Küchenausdruck einzudeutschen, steht eine in Maßen begrüßenswerte Absicht dahinter, nämlich die Rehabilitierung der regionalen Volksküche (Rumohr/31–36). Aber kehren wir zu den makrobiotischen Parallelen zurück:

1. Skepsis gegenüber der Kartoffel: »sie enthält in einigen ihrer Arten einen giftigen Saft, in allen einen schädlichen« (52,197,199,203,204).

2. Rumohr zieht das Meersalz dem Steinsalz vor, ersetzt durch es beim Pökeln den bedenklichen Salpeter, wie er auch Bleiglasuren und Grünspan beim Geschirr vehement ablehnt (62–66).

3. Im Sinne einer Gleichgewichtsküche weist Rumohr auf die gegenseitige Neutralisierung von Gemüse und Fett hin, die er auch volksgastronomisch begründet: »Eine zu fette Bereitung der Speisen ... ist den meisten Personen

schädlich. Wie sehr aber ein mäßiger Genuß des Fettes ...
erforderlich ist, ... bezeugen die ärmeren Volksklassen
aller ackerbauenden Länder durch den instinktmäßigen
Trieb, ihre trockene vegetabilische Nahrung mit etwas
Schmalz, Öl oder Butter anzunetzen« (84f.,203ff.)
4. Die Kochflüssigkeit (Bouillon, Milch, Wein, Gewürzwasser) wird bei ihm gleichfalls zur Neutralisierung verwendet (94,192ff.,199)
5. Gleiches gilt für die Beigabe von »Nicht-Flüssigem«
zur Suppe (106–112); wie denn, zum anderen, Saucen
»dem Festen das Flüssige zugesellen« und den Geschmack
»durch Gegensätze heben« sollen(118).
6. »Apothekernd« ist für Rumohr ein Schimpfwort (175).
7. Parallel läuft auch die außerordentliche Hochschätzung, die Rumohr den Zerealien zuteil werden läßt
(166–193). Etwas hegelianisierend nennt er das Brot »das
vermittelnde Prinzip jeglicher Mahlzeit« (176). Er vergißt
nicht, zu erwähnen, daß Hippokrates und Cato den Brei
dem Brot vorgezogen haben – was letztlich auch für
Ohsawa gilt – und gibt für ersteren eine köstlich klin-
gende, präzise Definition:»Eine möglichst vollkommene
Auflösung des Leimstoffes mehliger Körner, Samen oder
Wurzeln, vermöge einer mehr oder minder lange in der
Siedhitze erhaltenen Flüssigkeit« (190). Rumohr läßt sich
da auch etwas einfallen: Er rührt Knödel in der Bouillon
an (187) und verwendet Grieß für das Soufflée (188); er
summiert Pilaw-Variationen und Risotti auf, mit flüssiger
Butter, mit Geflügelbouillon, mit Gemüsen, Fruchtsäften
und Gewürzsaucen (»Welch'ein Spielraum für die Einbil-
dungskraft eines geistreichen Koches!«); er gibt Hirse und
Buchweizen mit Butter, Milch und Rahm (193ff.).
8. Gemüse neutralisiert Rumohr entsprechend durch
Butter, Bouillon, Rahm, Fisch, geröstete Semmelbrösel,
Speck (204ff.). Ihre diätetischen Eigenschaften werden
voll akzeptiert:»Gemüse ... wirken ..., jedes auf seine
Weise, sehr wohltätig auf den Körper ein. Einige erwei-
chen den Unterleib, andere erfrischen und reinigen die
Säfte, kurzum, in rechtem Maße genossen, sind sie wahre
Hausarzneien« (201). In deutscher Manier mag zwar

Rumohr (leider) den Knoblauch nicht, der ihm gleichwohl als »Bewahrungsmittel gegen das Fieber« gilt (236). Die Gurke ist ihm – wie er denn die extremen Yin-Gemüse nicht schätzt: auch die Tomate ist nur als Gewürz aufgeführt – eine »gleichgültige Frucht«, gleichwohl lobt er ihren »trefflichen, blutreinigenden, Lunge und Leber stärkenden Saft« (220). Auch eine Art Tempura kennt er (206,305).

9. Zucker und süße Zugaben schätzt Rumohr wenig (182,192,266); ebenso das Süß-Saure (318).

10. Die Diätküche, der Rumohr einige Seiten widmet, obwohl »die vorangehenden Bücher … bereits die Grundzüge einer wahrhaft diätetischen Kochart« enthalten (317), bezieht sich ebenfalls vor allem auf Cerealien (gekocht/»erweicht«, mit wenig Fett und Salz) und sekundär auf Gemüse, die, je mehr sie »yin« sind, um so reichlicher in Bouillon gekocht werden (317–320).

Selbst noch ein Autor wie Claude Lévi-Strauss, der so meilenweit von Diätetik oder Rezeptsammlungen entfernt ist, weist in seiner spiralenförmigen Untersuchung der Mythen gleichgewichtsdialektische Momente auf (»Mythologia I«/14f.): »Negativ und positiv beziehen sich alle Mythen auf den Ursprung des Kochens der Nahrung« (368). Das Kochen selbst hält das Gleichgewicht zwischen dem zerstörenden Feuer und der zerstörenden Abwesenheit von Feuer (378); wie denn auch das Küchenfeuer zwischen Sonne und Erde vermittelt; aus dem Verschwinden der Sonne resultierte die verfaulte, aus dem der Erde – in der Sonne – die verbrannte Welt (378).

7. Die Nouvelle Cuisine

Die Wiederkehr der traditionellen bürgerlichen Küche firmiert paradoxerweise unter dem Etikett der »neuen Küche«. Gewiß ist sie, jedenfalls bei ihren Protagonisten, wohlschmeckend und bekömmlich – jedoch etwas irgendwie »neues« habe ich an ihr nicht zu entdecken vermocht. Wenn mir wieder einmal diese Metapher gestattet ist: dem Katholizismus der Weltmarktstukturküche stellt sich die Reformation entgegen, die zurück zu den Quellen gegangen ist – oder anders: jene gastronomische Postmoderne, die ständig in der Gefahr schwebt, von ihrer Moderne wieder eingeholt zu werden, auch wenn sie die Zitate der Tradition auf höchst geschmackvolle Weise pflegt. Ihr sinnvolles Credo des Gebrauchs frischer Produkte in möglichst unvermischter Herstellung entstammt der soeben angedeuteten Linie Hufeland – Brillat-Savarin – Rumohr; sie geht Hand in Hand mit der avancierten Reformküche, für die der Name Maurice Méssegués stehen mag. Ihre Rezept- und Menüstruktur ist eine verblüffende Wiederbelebung Escoffiers. Von daher erklären sich auch alle Vorurteile gegen die Nouvelle Cuisine. Wenn ein Menü, sagen wir, aus zehn Gängen besteht, versteht es sich hoffentlich von selbst, daß die Portionen klein sein müssen (sonst müßte sogar ich etwa beim siebenten Gang zu passen beginnen). Ironischerweise werden die ephemeren Fleischportionen oft ausgerechnet von jenen kritisiert, die sich über die Ausbeutungsstrukturen durch den hohen Fleischkonsum nicht genug erregen können. Doch bürgerliche Küche bleibt bürgerliche Küche: der Verfall der »Neuen Küche« als Wiederkehr des Verdrängten setzt dann ein, wenn sie sich in ihren eigenen Schein, in ihr Gebrauchswertversprechen (W.F. Haug), verwandelt. Wenn es statt zehn Gängen plötzlich nur noch drei gibt und die Portionen ebenso klein wie teuer bleiben, ist es verständlich, daß die Essenden hungrig vom Tisch aufstehen. Auch soll es schon die ersten »Neue Küche«-Konserven geben.

Gleichzeitig bildet allerdings die Nouvelle Cuisine die inmitten der Naturzerstörung wohl berühmteste Variante der Rekonstituierungsversuche in der Gastronomie. Sie ist explizit gegen die Weltmarktküche angetreten (der Markteinkauf anstelle der weltweiten Verteilungskette ist ihre bekannteste Metapher geblieben, wenngleich ich mich frage, wie unter den unterstellten Bedingungen des Markteinkaufs Eduard Witzigmann Anfang März zu frischen Zwetschken kommt) und auch gegen die Diktatur des Vegetariats gefeit (wie gesagt, es gibt, ökologisch sinnvollerweise, wenig Fleisch, das aber exquisit zubereitet ist). Wie vieles andere in den alternativen Bewegungen, atmet sie den Geist frühbürgerlicher Aufklärung, und es wäre spannend, die Klassenströmungslage ihrer jeweiligen Träger nach Parallelen zu untersuchen. Solcherart erweist sich die oben skizzierte Dualität der Traditionslinien als ein Bruch zwischen ökologischer Rekonstituierung und der Profilierung als Küche zeitgenössischer Wohlhabender, der durch das Theorie-Praxis-Verständnis der Nouvelle Cuisine selbst geht. Sind ihre theoretischen Äußerungen, wie erwähnt, umstandslos dem frühen Bürgertum zuzuschlagen, orientiert sich die Praxis an den Glanzzeiten der bürgerlichen Prachtentfaltung. Die Erinnerung etwa der überreichlichen Trüffelverwendung in Paul Bocuses Kochbuch »Die neue Küche« (z.B. in der berühmten Trüffelsuppe mit Blätterteighaube) an die Escoffiersche Magnatenküche überwiegt hierhin die an die gastrosophische Aufklärung, in welcher Rumohr, um ein Beispiel zu nennen, dezidiert für die Verwendung von feinen Kräutern, Morcheln und Pilzen anstelle jener von Trüffeln eintritt (Rumohr/143). Es scheint mir ein Indiz dafür zu sein, wie sehr die Weltmarktküche verkommen sein muß, daß noch der Rekurs auf Escoffier ein avantgardistisches Moment darstellen kann. (Vergleichbares gilt auch für andere Bereiche des Kampfes gegen Umweltzerstörung: etwa für den Rekurs auf Scheffel, den »Retter des Wienerwaldes«, oder auf Otto Wagner hinsichtlich der Architektur in Österreich). Auch Katharina Pratos deutschnationale Schlichtheit läßt sich als Quelle des herrschaftlichen Moments der Nouvelle Cuisine anführen: immerhin füllt sie einen Fasan oder Kapaun mit 40 dkg (=400 Gramm) Trüffeln- was in Geld eine Summe ergibt, von der eine durchschnittliche Wohngemeinschaft mehrere Monate leben kann (Prato/28).

Zum anderen jedoch besteht eine zentrale Errungenschaft der Nouvelle Cuisine darin, die gastronomische Regionalisierung wieder aufgegriffen und zur Weitertreibung hervorgehoben zu haben. Durch ihr Insistieren auf Qualität ist die jahrhundertelang weitergeschriebene Trennung zwischen »hoher« und »niederer« Küche nivelliert worden. Ist in Kochbüchern des 19. und frühen 20. Jahrhunderts (ich habe die Quellen vergessen) noch zu lesen, Gulasch sei auf die feine Tafel äußerstenfalls dann zu geben, wenn es mit grünen Erbsen verfeinert und in Blätterteigpasteten verpackt worden sei, so können in der Nouvelle Cuisine die bayrische Kräutlsuppe, die Bouillabaisse (und sei sie von Huhn), der Obstauflauf, die Käsespätzle, das Bruckfleisch mit Knödel zu gleichberechtigten Bestandteilen eines zehngängigen Menüs werden. (Mit der Restituierung der Regionalküche und ihrer Wiederverdinglichung wird sich das Folgekapitel befassen). Auf diese Idee ist zwar auch schon, wir werden es im Schlußkapitel sehen, Rumohr gekommen – durchgesetzt hat sie allerdings erst der Frische- und Qualitätsfetischismus der Nouvelle Cuisine.

Für den Kochbuchautor ergibt sich daraus allerdings eine substantielle Schwierigkeit. Bei einem guten Teil der folgenden Rezepte wird es nahezu beliebig, ob sie unter Nouvelle Cuisine, unter Regionalküche oder unter Synthese aus Nouvelle Cuisine, Regionalküche und Makrobiotik aufgeführt werden. Zwar werde ich in jedem einzelnen Fall meine Entscheidung treffen, aber Kritiken, die relative Beliebigkeit der Zuordnung betreffend, werden in jedem dieser Fälle berechtigt sein.

REZEPTE

Gefüllte Avocados:
1. Meine Lieblingsvariante ist die schlichte Füllung mit rotem Kaviar (also Rogen von Lachs oder von der Forelle). Jahrelang dachte ich, ich hätte diese Speise »erfunden«, und ich nannte sie denn auch selbstbewußt »Avocados à la Rolf Schwendter«. Bis ich diese dann eines Tages Ulrich Sonnemann vorsetzte, der hocherfreut darüber war »Gefüllte Avocados à la Ulrich Sonnemann« serviert zu erhalten; er hatte diese Speise also gleichfalls »erfunden«. Freilich ist die Idee so naheliegend, daß es mich nicht wundern würde, wenn noch einige Dutzend weiterer Personen sie »erfunden« hätten. (Insbesonders in der Küche jüdischer Tradition wäre dies möglich, da ja die mosaischen Speisegesetze den Genuß des Stör-Kaviars verbieten. Aus der Anmerkung Salcia Landmanns, sie hielte wenig von der Verwendung z.B. des roten Kaviars bei Avocados, ist der Umkehrschluß berechtigt, daß einige Gewährspersonen Salcia Landmanns auf dieselbe Idee gekommen sein müssen.)
2. Lachsschnitzel mit Crème fraîche.
3. Taramosalata mit Crème fraîche.
4. Krabben mit verdünnter Mayonnaise.
5. Avocados à la Mascha Grüne: Ein weiches Ei wird gekocht, geschält und in die durch die Entfernung des Kerns entstandene Höhlung einer halben Avocado gefüllt.
6. Avocados à la Jutta Schlegel: Eine gerührte Eiersauce wird mit etwas Senf gewürzt und weiter gerührt, und dann Höhlung gefüllt.
7. Die Sauce wird aus mehreren Eigelb, Kräutersalz, gehackten Kräutern (Kerbel, Petersilie, Schnittlauch), wenig Zitronensaft und Pfeffer bereitet, eventuell unter Hinzufügung kaltgeschlagenen Öls.
   (frei nach Barbara Rütting)
8. Gervais mit Dill, wenigen Zwiebeln und einer Spur Knoblauch; mit schwarzen Oliven garnieren.
   (frei nach Barbara Rütting)

9. Schafskäse mit Crème fraîche.

Ich weiß, daß die Leser/innen hier eine Menge gängiger Avocado-Rezepte vermissen werden die nicht ohne Absicht weggelassen wurden. Die Avocado ist eine Frucht mit einer eigenständigen, jedoch nicht dominierenden Geschmacksnote. Sie ist daher nur mit Kochgütern kombinierbar, die sich ebenfalls durch einen außerordentlich dezenten Eigengeschmack auszeichnen (s.o.: leicht gesalzene Meeresfrüchte, Ei, Öl, Kräuter, Frischkäse, Crème fraîche). Wird die Avocado, wie dies leider häufig geschieht, mit stark aromatischen, scharfen, sauren oder süß-fruchtigen Zutaten zubereitet, verliert die Avocado sofort ihren Eigengeschmack, daß ebensogut für die weiche, fettige Konsistenz eine geschmacksarme Margarine verwendet werden könnte. Ein gutes Dutzend Mal habe ich es (in meiner Jugend aus Naivität, später bei der gelegentlichen gezielten Überprüfung, ob es sich nicht doch um ein Vorurteil handeln würde) erlebt, daß Avocados mit einer Tomatensoße, mit einer Vinaigrette, einer Zwiebel-Knoblauch-Mischung, mit einer kalten Senfsauce, oder mit einem kunstvollen Aufbau aus Zitrusfrüchten, Ananas und Trauben – ich nenne nur einiges – gegeben wurde – Kombinationen, die nach allem schmecken, nur nicht mehr nach Avocado. Ungern verhalte ich mich dogmatisch – aber der Großteil der US-amerikanischen, mexikanischen und israelischen Avocado-Rezepte fällt auf diese Weise weg (s. auch die Bereitung bei Raymond Oliver).

Amusegeule (Imbiß vor oder an Stelle der kalten Vorspeise) à la Rolf Schwendter: In die vier Windrichtungen eines Tellers je eine kleine Scheibe Zunge, eine viereckig gefaltete Scheibe Mortadella, eine kleine Salzgurke und ein halbes Ei, mit Sauce Aioli gefüllt, legen.

Taramosalata: Fischrogen (evtl. auch geräuchert erhältlichen Dorschrogen) mit Olivenöl, Zitronensaft und eventuell Joghurt gut durcharbeiten, auf flachen Tellern servieren und mit einer schwarzen Olive garnieren.

(frei nach Bernd Neuner-Duttenhofer)

Variante: Den geschlagenen Fischrogen, dem das Olivenöl langsam beigefügt wurde, mit Pfeffer und eingeweichtem Weißbrot vermischen, eventuell auch Zitronensaft hinzufügen.

(frei nach Salcia Landmann)

Eine japanische Variante, die ich bislang nicht ausprobiert habe, stellt der rote Kaviar in Zitrone dar: Die Spitze einer Zitrone wird abgeschnitten; das Zitronenfleisch wird mit einem Teelöffel ausgehöhlt und die somit entstandene Höhlung mit einem Eßlöffel rotem Kaviar gefüllt. Das abgeschnittene Stück wieder drauflegen (Takeko Yamakaze).

Gefüllte Eier sind nicht nur eine zumeist einfach zu bereitende, preiswerte und bekömmliche Vorspeise, sondern können auch als kalte Platte, Buffethauptspeise etc. gegeben werden, vegetarisch oder nicht-vegetarisch, je nach Geschmack. Es gibt unzählige Variationen: ich beschränke mich auf jene die ich selbst schon gemacht habe (und da fallen mir sicherlich auch einige gerade nicht ein). In allen Fällen werden die Eier in Wasser hartgekocht, geschält, der Länge nach halbiert; sodann wird das Dotter herausgenommen und beiseitegelegt (zumeist wird es für die Füllung wiederverwendet). Die nach den untenstehenden Variationen bereitete Füllung wird in die Eihälfte hineingegeben – mit dem Rest wird die Platte garniert oder in einer Schüssel zum Nachnehmen aufgetragen.

Varianten:

1. Sauce Aioli mit den passierten Dottern fein vermischen.

2. Tapenade einfüllen (die Dotter anderweitig weiterverwenden).

3. Dotter mit Crème fraîche zerdrücken, die Masse mit Taramosalata vermengen.

4. Gewürzgurken, Pilzscheiben, gekochtes Hühnerfleisch (und eventuell Spargelstücke) fein hacken und mit den Dottern und Mayonnaise vermengen.

5. Dotter, Mayonnaise (oder Crème fraîche) fein vermischen und mit Kreuzkümmel (Cumin) kräftig würzen.

6. Dotter mit Mayonnaise (oder Crème fraîche) zerdrükken, und mit feingehacktem Mango-Chutney gut vermengen. Mit milchsauer vergorenem Rote-Rüben (»Rote-Beete-«)Saft abschmecken, der der Eierfüllung auch eine hübsche rötlich-violette Farbe gibt.

7. Die Dotter-Crème-fraîche-Mischung mit gehackten Seelachsschnitzeln aus dem Glas vermengen.

8. Ebenso mit rotem Kaviar.

9. Ebenso mit Krebsbutter (wenn's nicht anders geht: Dose).

10. Die Dotter-Mayonnaise-Mischung mit feinen Schinken- und Paprika-Streifen vermengen.

11. Die Dotter mit Mayonnaise, Tomaten und Semmelbröseln (Paniermehl) fein vermischen (Marianne Piepenstock empfiehlt, sie durch das Sieb zu streichen) und mit gehackter Zunge und gehackten Oliven vermengen (meiner Erfahrung nach können Tomaten und Semmelbrösel auch wegbleiben).

12. Dotter mit (rohem) Eigelb, Sardelle(n), Pfeffer, Senf und Öl vermischen.

13. Dotter und Mayonnaise mit gehacktem Räucheraal vermischen, mit Kaviar und Oliven verzieren, auf einem Sockel von französischem Salat anrichten.

14. Dotter, Mayonnaise und gehackten Lachs vermengen, mit Aspikmayonnaise, Kräutern, Schnittlauch, Radieschen verzieren, auf einem Sockel von Mayonnaise-Salat servieren.

15. Dotter, Mayonnaise, Senf, Essig, Salz und geriebenen Kren durchmischen und mit letzterem auch noch bestreuen.

16. Dotter mit Öl, Senf, Salz, Sardellenpaste durchmischen, eventuell mit Petersilie oder Dill bestreuen; oder mit Kapern statt Sardellen.

17. Dotter und Crème fraîche mit vielfältigen gehackten frischen Kräutern mischen, mit Zitronensaft abschmecken.

18. Dotter mit einer Paste aus Butter und gehacktem gekochten Schinken verrühren; ähnlich mit Sardellen.

19. Aus Schafskäse, Ziegenkäse, Roquefort (oder ähnli-

chem) mit Butter und Schlagobers oder Crème fraîche eine Paste bereiten, würzen (Salz, Paprika). Eventuell mit Schnittlauch bestreuen.

20. Semmeln in Milch einweichen, passieren, mit den Dottern, Butter, rohem Eigelb vermischen, mit Muskatnuß würzen.

(frei nach Theodor Böttiger, Eugenie Erlewein, Marianne Piepenstock, Sigrid Press, Johann Rottenhofer, Elisabeth Schandl – und Elisabeth Scheßwendter darf ich hier auch nicht vergessen)

Ist hoffentlich hieraus schon klargeworden, daß gefüllte Eier eine schier unbegrenzte Möglichkeit zur kreativen Entfaltung Kalter Küche geben, für Anfänger/innen herkömmlicher Küche ebenso wie für jene des Vegetarismus oder der Nouvelle Cuisine, so tritt dies noch mehr zutage, wenn wir uns einer anderen Spielart von Varianten zuwenden.

Fast alle hier genannten Füllungen lassen sich nämlich auch für **gefüllte Tomaten** anwenden.

Hierbei wird das Innere der ausgehöhlten rohen Tomaten in derselben Weise verwendet, wie in den obengenannten Beispielen die Eidotter: es wird mit der Paste aus Butter, Crème fraîche oder Mayonnaise und den Geschmacksträgern, die zerkleinert oder gehackt worden sind, vermischt, woraufhin die Masse wieder in die Tomaten eingefüllt wird.

Darüber hinaus eignet sich ein Großteil der gebundenen kombinierten Salate (Italienischer Salat, Französischer Salat...) gleichfalls als Tomatenfüllung. Von ihnen wird unten die Rede sein.

Weniger üblich, wenngleich als Vorspeisen- oder Kalte Küchen-Delikatesse den gefüllten Tomaten meines Erachtens gleichwertig, wenn nicht vorzuziehen, sind **gefüllte Brandteigkrapfen.** Zwar sind Brandteigkrapfen (auch in ihrer bundesdeutschen Version als »Windbeutel«) mit Vanillecrème als Desserts sehr geschätzt – wenigstens zumeist: Daß Thomas Bernhard in seinem Stück »Ritter, Dene, Voß« den Genuß der mit permanenter schwesterlicher Liebe aufgetragenen Brandteigkrapfen zu einem Wutanfall seiner Protagonistin benutzt, wird sich zwischenzeitlich herumgesprochen haben. Sie salzig zu verwenden, ist denkbar einfach: man/frau läßt einfach im Teig den Zucker weg. Gelegentlich finden sich in älteren Kochbüchern verkleinerte Brandteigkrapfen noch als Einlage für die Rindsbouillon – aber als kalte Vorspeise?

Die Brandteigkrapfen sind zu bereiten, indem Flüssigkeit (Wasser oder Milch) mit Fett (Butter oder Öl) und Salz aufgekocht wird, woraufhin Mehl (etwa in der halben Menge der Flüssigkeit) hinzugeschüttet wird. Diese Masse wird glattgerührt, bis sie sich vom Topf löst. Sie wird vom Herd genommen. Ist sie abgekühlt, werden mehrere Eier (oder teils ganze Eier, teils nur Eigelb) untergeschlagen. Die Krapfen werden entweder in Backfett oder im vorgewärmten Rohr auf eingefettetem Backblech ausgebacken.

Der größte Teil der oben genannten Füllungen (ohne Eidotter, die dann durch Hinzufügung von etwas mehr Mayonnaise, Crème fraîche oder Butter substituiert werden) paßt ausgezeichnet in Brandteigkrapfen. Ich selbst habe mit gutem Erfolg die Füllungen 3,9,10,20 mit Brandteigkrapfen gegeben – jedenfalls sind dies die Füllungen, an die ich mich erinnern kann. Auch festere salzige Crèmes wie Salate mit wenig Flüssigkeit eignen sich dazu. Elisabeth Schandl, die als einzige den hier behandelten Gegenstandsbereich berührt, füllt ihre Brandteigkrapfen mit gehackten Essiggurken, Karotten, Zeller und Schinken, gebunden mit Mayonnaise.

(frei nach Marianne Piepenstock und Elisabeth Schandl)

Aus eigener Anschauung warne ich davor, die Füllmasse zu flüssig zu gestalten: die Brandteigkrapfen würden davon zu aufgeweicht, die Eier zu soßig gefüllt werden (was zwar interessant aussieht, aber die Esser/innen zu sehr verwirrt). Die Mayonnaise, wo sie verwendet wird, soll wirklich dick sein; keinesfalls darf Crème fraîche durch Joghurt substituiert werden (was mir einmal ein in seinem Wirkungsbereich durchaus geschätzter Koch anriet, der die für diesen Zweck bestellte Crème fraîche andersweitig aufgebraucht hatte). Als Faustregel kann gelten: die Füllmasse soll so dick sein, daß sie sich gerade noch rühren läßt.

Schließlich können alle genannten Füllungen und ihre Variationen wie auch insbesonders die kombinierten Salate zu Varianten jener Garnitur harter halbierter Eier verwendet werden, deren Idealtypus unter dem Etikett der **Russischen Eier** bekanntgeworden ist. Das Prinzip ist, daß die längs halbierten Eier auf einem Bett von Salaten (Rohkostsalate, Mayonnaisesalate...) angerichtet, mit gebundenen Geschmacksträgern überzogen und mit anderen, ergänzenden Geschmackträgern überstreut werden.

In der Kochbuchliteratur hierzu vorgefundene Varianten wären:

1. Das halbe Ei mit Zellerwürfeln, Lauchstreifen, Mayonnaise überziehen und mit Kaviar(ersatz) bestreuen.

2. Das halbe Ei auf einem Salat, aus gewürfelten Salzgurken und Kartoffeln, Krabben und in Scheiben geschnittenen eingelegten Pilzen, mit Mayonnaise überziehen und mit Pistazien bestreuen.

3. Das halbe Ei auf, wie schon der Name sagt, einem Bett von Russischem Salat (mitsamt seinen Varianten siehe dort) plazieren, mit Mayonnaise überziehen und mit einer Kaper verzieren.

(frei nach Theodor Böttiger und Eugenie Erlewein)

Soßenbereitung nach Art der Nouvelle Cuisine: Statt einer Einbrenn wird der beim Braten oder Dünsten entstandene Natursaft mit Eigelb und/oder Butter und/oder Crème fraîche montiert.

(frei nach Paul Bocuse)

Illustrierte Salatvarianten nach Art der Nouvelle Cuisine:

Ein Blattsalat der Saison (oder eine Mischung mehrerer, worunter auch aromatische Baumblätter und/oder blattförmige Kräuter enthalten sein können – Eichenblatt wie Löwenzahn sind in solchen Konstellationen keineswegs selten) wird mit einem aromatisierten Essig und einem kaltgeschlagenen Öl mariniert. Diese Kombination wird durch ein anderes Kochgut ergänzt, welches in der Pfanne knusprig angebraten wird (sehr oft Speckstreifen, Geflügellebern, ich kann mir auch Geflügelhautstücke dabei ausgezeichnet vorstellen – vom vegetarischen Standpunkt aus könnten es auch kroß angebratene Auberginenscheiben sein), und welches über der Salatmischung angerichtet wird. (Beispielsweise: Vogerlsalat – Himbeeressig – Leinöl – gebratene Hühnerleber).

(frei nach Paul Bocuse und vielen anderen)

Pochiertes Fleisch (eigene Komposition):

1. Einer Fasanenbouillon (die als Suppengang gegeben wurde) Rest unter Zugabe eines Schusses Marsala (insofern dieser nicht ohnehin schon reichlich die Bouillon parfümiert hatte) aufkochen. Sobald die Bouillon in der Kasserolle sprudelnd kocht, das Fleisch (ein kleines Steak, ein klein geschnittenes Schnitzel, ein Tournedo...) in die Flüssigkeit heben, nach 3–5 Minuten wenden herausnehmen, und mit der verbliebenen Kochflüssigkeit als Sauce (und beliebigen Beilagen) zu Tisch geben.

2. Die aufgekochte Flüssigkeit ist ein mit Salz und Pfeffer versehener Tokayer (besser Szamorodner als Aszu); Fleisch und Sauce werden mit zum Schluß mitgedünsteten Trockenfrüchten garniert.

8. Die Wiederkehr der verdrängten Regionalküche

Die Tatsache des fließenden Übergangs zwischen Nouvelle Cuisine und wiederkehrender Regionalküche habe ich bereits erwähnt. Beide sind, in einem gastrosophischen Sinne des Wortes, »postmodern« – sie beziehen sich, wovon unten gleich die Rede sein wird, auf unterschiedliche Klassenstimmungen der lohnabhängigen Kopfarbeiter, die gleichwohl, wie die aus deren Präferenzen hervorgehenden Speisen, fließend ineinander übergehen.

In der hegemonialen Weltmarktküche der sechziger Jahre hatte die Regionalküche ihren guten Geschmack verloren, was ja auch zum oben dargestellten Sachverhalt führte, daß von der Gebrauchswertseite her die Regionalrestaurants strukturalisiert, bis, der Tendenz nach, von den fremden Besonderheiten nur Nudeln mit Sauce (mal Tomaten, mal Soja...) und Grillfleisch mit Pommes frites und Blatt-/Tomaten- Gurkensalat übrigblieben. Die andere Seite der Entwicklung bestand in jener Euphorie des (in den Metropolen) alles zu jeder Zeit zur Verfügung stellenden Weltmarkts – und sei das Kochgut auch eingedost, chemisch konserviert, glashausgenormt, tiefgefroren –, die sich in einer geradezu neoapicianischen Kombinatorik materialisierte. Gerd von Paczensky hat diese »Ratskellerkultur« anschaulich dargestellt und kritisiert: wir brauchten uns gar nicht so sehr über die zusammengesetzten Ragouts des Apicins lustig zu machen, mitsamt dem ewigen Garum – die endlosen Fleischspeisen mit Gurken, kandierten Kirschen, zehn weiteren zusammenhangslosen Beigaben kehrten wieder, und unser Garum, unser Liquamen, unser Nuoc Mam war eben das Tomatenketchup, jederzeit zur Verfügung, darüber gekippt zu werden. (Auch die Kochbücher dieser Zeit, bis hin zu einem Teil der Herrschinger »Modernen Küche« wetteifern hierin mit Apicins). Alles ist, so die Illusion, im Überfluß da, braucht nur noch miteinander vermengt werden: dies ist die Küche der konzertierten Aktionen, die Küche der großen Koalitionen.

Die Zweidrittelgesellschaft macht sich daran, auch in der Küche sich durchzusetzen: Zielgruppe ist das »hausfrauisierte« (Claudia von Werlhof) untere Drittel, lohnlos und fernsehverspielt, die Weltmarktimbißketten, Aldi/Hofer und/oder die Diktatur des Vegetariats; die Bourgeoisie (die gibt es schließlich auch noch) die Intercontinentals und Bristols mit ihren Loungen, das Kur-Hotel und/oder der eingeflogene Spitzenkoch, dessen Produkte dann in den Gesellschaftsspalten aufgezählt werden. Schließlich die Hauptzielgruppe der gastronomischen Entwicklung, der ich ja selbst angehöre: als Hochschullehrer vorerst weder verarmt noch je instandgesetzt, das Rattenrennen der Akkumulation mitzumachen. (Wobei der Beruf austauschbar ist: Jede heterogene Gruppe von Klassenströmungen, die sich hierin amalgamieren, reicht von den kleinen Kapitaleigentümern, die noch nicht in den Konkurs getrieben worden sind, über die vielfältigen lohnabhängigen Kopfarbeiter/innen bis zu jener Kern-Facharbeiter/innen/schaft, von der Joachim Hirsch oder (mißverständlicher) André Gorz sprechen). Es handelt sich zudem exakt um jene Gruppenagglomeration, die die Zielgruppe aller Konsumgüterverkäufer, Spendenwerber, Werbeagenturen und zeitgenössischen Zeitschriftengründer ausmacht. Liegt das Interesse des unteren Drittels, der erneuerten »Lazarusschicht«, darin, überhaupt satt zu werden, das Interesse der verbleibenden Bourgeoisie in der »conspicious consumption« (Thorstein Veblen), so das Interesse dieser Personengruppierung im Genuß einer »Zwischenküche«, die den Namen Küche gerade noch verdient. Letztere ist nun ebenso rhizomatisch (Deleuze/Guattari), ebenso unsystematisch verzweigt, vernetzt, entwurzelt, wie die Gruppierung, die der Träger ihrer Konsumtion ist. Sie umfaßt ebenso die überlebenden Gastwirtschaften der Vorweltmarktzeit, in denen noch »Hausmannskost« serviert wird – diese, die als eine Mischung von bürgerlicher/bäuerlicher und proletarischer Küche (schon Rumohr hat auf dieses Phänomen hingewiesen) fast alle traditionellen österreichisch-ungarisch-böhmischen bzw. alle bayrischen, schwäbischen, rheinländischen, brandenburgischen etc. Gerichte enthält, verdiente einmal eine eigenständige historische Abhandlung, einschließlich eine Reflexion darauf, warum ausgerechnet diese zumeist von Frauen bereitete Küche zum Namen »Hausmannskost« gekommen ist. Eine Abhandlung verdienten auch jene ausländischen Restaurants, die den Abstieg zur Strukturküche (von dem auch sie ständig bedroht sind) noch nicht vollzogen haben – oder jene bereits Abgestiegenen, die noch zwei bis drei genießbare Gerichte auf der Speisekarte haben, zum Trost für jene Kunden, deren Absprung noch eine Zeitlang verzögert werden soll – wofern sie nicht einem lokalen »radikalen Monopol« (Illich) unterworfen sind; ebenso der Mischformen der Hausmannskostlokale mit Momenten der Nouvelle Cuisine, als auch schließlich dessen, was in Wien als »Beiselkultur« bezeichnet wird.

Das »Beisel«, die kleine Gastwirtschaft mit der Funktion unmittelbarer lokaler Distribution und Kommunikation, ist so etwas wie die Altstadtsanierung der Gastronomie. Als die Häuser abgerissen und durch Betonblöcke ersetzt wurden, wurde das »Beisel« rationalisiert (oder zugunsten der Fast-Food-Ketten, zugesperrt). Als die Häuser saniert wurden – oft genug zu jenen Potemkinschen Dörfern, deren Idealtypik von der »postmodernen« Architektur dann bis ins Gigantische gesteigert ausgebaut wurde –, wurde auch das »Beisel« wiederbegründet. Nur daß es dann nicht mehr wirklich das »Beisel« war – obzwar das gastronomische Angebot jenes der Weltmarktstrukturküchen bei weitem übertraf. Schon Tischdecke, Kerzenleuchter und Speisekarte demonstrieren das vollständig Artifizielle des Arrangements; strukturalisierte Angebote werden serienweise in die Speisekarte hineingemogelt – gleichzeitig aber erweitert sich die Palette der die Genußfähigkeit ermöglichenden regionalen Zitate.

Einige Gerichte werden dort wirklich gekocht, die jahrelang von den lokalen Speisekarten verschwunden waren; andere, verschleiert durch das Alibi der von der Nouvelle Cuisine übernommenen Tagesspeisekarte mit oder ohne Schreibtafel, erscheinen faktisch zwei Mal im Jahr. Kurz: ein häufig mechanisches Wiederanknüpfen neuerer Gastwirtschaften an durch die Weltmarkttendenzen wegrationalisierte Formen. Aber immerhin ist dort ein Schmalzbrot, ein Beuschel, ein Weckewerk (in Kassel), gebakkene Kalbsfüße oder Münchner Kesselfleisch (in München) gelegentlich erhältlich.

Die Wiederkehr der verdrängten Regionalküche wäre von einer anderen Welt, enthielte nicht auch sie jene Ambivalenz, die uns auch schon in den vorangegangenen Kapiteln verfolgt hat. Als bestimmte Negation geht sie, wie das Vegetariat mit dem Ökologismus, Hand in Hand mit vergleichbaren Negationen in anderen gesellschaftlichen Bereichen – man denke beispielsweise nur an das Dreyeckland, an die politischen Aktionen der Bretonen, Korsen, Basken. Ein inhaltlich durchaus brauchbares Kochbuch über die Küche des Ruhrgebiets (das hier nur deshalb nicht verwendet werden kann, weil ich diese Art der Küche erst studieren muß, folglich kein einziges Gericht bislang nachgekocht habe) wirkt wie eine Fußnote zu Roland Günther und zur Rettung der Bergarbeitersiedlung Eisenheim (was freilich keineswegs verhindert, daß nicht nur der Warenfetisch die Leineneinbindung von Kochbüchern der Kohlenpotthausfrauen kopiert, sondern sogar im Lay-Out durchgehend die Simulacra von Fettflecken einarbeitet, als sei das frischgekaufte Buch jahrzehntelang in Gebrauch gewesen). Es ist entsprechend angenehm, nicht Spaghetti/Pizza/italienisch essen zu müssen, sondern auch friaulisch oder toskanisch, in der Steiermark als Einlage zur Rindsbouillon Heidensterz zu erhalten, in einer größeren Stadt jederzeit irgendwo ein Beuschel oder Schinkenfleckerln essen zu können. Gleichzeitig stimmt es mich skeptisch, wie auch in diesem heiklen Bereich eine unreflektierte Affirmation wieder auftaucht. Einerseits geraten erschreckend viele neue Speisen ebenfalls in Mode, was in günstigstem Falle den Vorboten, im ungünstigsten Falle bereits den Ausdruck der Anpassung an die Weltmarktstrukturküche darstellt. Dies gilt etwa für das massenweise Auftreten des Carpaccio, von Tomaten mit Mozzarella und Basilikum, des Tiramisu (dessen prompte eisförmige Verwandlung ich zwischenzeitlich erlebt habe) und wieder der Germknödel (auch tiefgefroren und im Infraroterd binnen einer Minute auf die entsprechende Temperatur erhitzbar, als ob sie echte wären) und jene Eismarillenknödel, · die noch vor wenigen Jahren als Spezialität einer vielfrequentierten Wiener Firma galten, heute hingegen einen Bestandteil des strukturellen Einheitsdesserts Eis zu bilden schon imstande sind. Andererseits ist der Verfall, kaum war die bestimmte Negation entstanden, doch schon in vollem Gang. So häuft sich der Anteil der Beiseln, die die traditionelle Bouillon mit Suppeneinlage anbietet – langes und in mehrwöchigem Abstand wiederholtes Suchen auf der Speisekarte nach jenem mitgekochten Rindfleisch, das ja einst in dieser Bouillon geschwommen sein sollte, bleibt hingegen vergeblich. Der Verdacht liegt nahe, daß die Bouillon gar kein solches gesehen haben könnte – zumal die nach langem Zögern schließlich verkostete Bouillon nicht jene Stärke aufweist, die die Legitimation, ein so stark ausgekochtes Rindfleisch verdiene keinen Platz mehr auf der Tafel (eine Position, die bekanntlich unter anderen Brillat-Savarin vertritt), berechtigt erscheinen ließe.

Der Rezeptteil wird diesmal wieder umfangreicher sein, und ich beginne sinnvollerweise gleich mit der Bouillon.

REZEPTE

Bouillon: Meine eigene Lieblingsvariante besteht darin, das Suppenfleisch (bevorzugtermaßen Beinfleisch) zusammen mit einigen Markknochen und ein bis zwei Stücken Ochsenschlepp in einem großen Topf mit viel

Wasser kalt aufzusetzen, nach dem aufkochen das Feuer zu verkleinern, das zerkleinerte Suppengrün hinzuzufügen (ich ziehe das Wiener Suppengrün, das auch eine hellere Rübe und eine Petersilienwurzel enthält – kann auch ein Kohlrabi dabeisein –, vor, sollte ich es mir aussuchen können) und zu würzen (Estragon, Nelken, schwarzer Pfeffer, Meersalz oder Shoyu). Dann köchelt der Topfinhalt so 3–4 Stunden vor sich hin. Vor dem Anrichten mit zerkleinerter Petersilie ergänzen.

Varianten:

1. Feingeschnittene Tomaten hinzufügen, das ergibt dann eine Bouillon Madrilene.

(frei nach Raymond Oliver)

2. Das Suppengrün durch Rindsleber und Zwiebelscheiben ergänzen, welche alle vorher in Rindsfett angebraten werden.

(frei nach Katharina Prato; Wolf Neuber nimmt auch Milz, Nelken, Neugewürz)

3. Eine permanente Grundbouillon (statt des Wassers) zur Verfügung halten, die auf der Basis qualifizierter Küchenabfälle (Karfiolstrunke, Porreegrün, Knochen, Bratenreste, Schalen...) produziert wird.

(frei nach Peter Fischer)

4. Ingwerwurzel und Sternanis sowie später Glasnudeln und Korianderblätter hinzufügen; vor dem Auftragen dünne Scheiben rohen Rindfleisches in der Suppe pochieren. Zur Würze können auch, was ich lieber mag, Nelken und Zimtstangen hinzugefügt werden; ebenso Basilikum und Zwiebeln. Auch kann mit Zitronensaft, Nuoc-mam-Sauce und Pfefferoni verfeinert werden. Diese Bouillon sollte, gemäß Original, 24 Stunden köcheln, was kaum ein Mensch aushält, und heißt dann, vietnamesischen Ursprungs, Pho-Suppe.

(frei nach Peter Fischer und Tien Hun)

5. Mit Dessertwein (und eventuell Fleischextrakt) abschmecken.

(frei nach »Altdeutsche Kochrezepte«)

6. Die Grundbouillon (siehe 3) aus Geflügelkarkassen, Zeller, Kartoffeln und Kräutern bereiten.

(frei nach Maurice Mességué)

7. Eventuell ein Kohlblatt, Champignons, Karfiol hinzufügen.

(frei nach Marianne Piepenstock)

8. Wo es eine Rindsuppe im originalen Sinne nicht gibt, treten die Surrogate auf – immerhin dann mit relativem Recht, wenn die Bouillon zu schwach geraten ist oder im gestreßten Alltagsleben die lange Kochzeit nicht einzuhalten ist. Eine Möglichkeit besteht darin, faschiertes Rindfleisch hinzuzufügen und aufzukochen. Eine weitere sieht vor, Leber und Milz klein zu schneiden, mit Suppengrün und Zwiebeln in Öl anzurösten, mit der schwachen Bouillon oder der Knochenbrühe aufzugießen und durchkochen zu lassen.

(frei nach Elisabeth Schandl)

9. Mit Rindfleisch und Markknochen auch Geflügelklein aufsetzen. Drei Stunden kochen lassen. Neues Rindfleisch (das dann nicht ausgelaugt ist, und als Suppenfleisch, Pot-au-Feu etc. zur Tafel gegeben wird) hinzufügen wie auch die Gemüse und Gewürze (Karotten, weiße Rüben, Zwiebeln, Nelken, Knoblauch, ein Viertel blanchiertes Kraut, Lorbeerblatt, Zeller, Kerbel, ein Bouquet Garni, weiße Pfefferkörner, Muskatnuß). Fertig kochen lassen und die Suppe mit Croutons servieren.

(frei nach Henri Toulouse-Lautrec/Maurice Joyant; ähnlich auch Rumohr; Katinka Mostar)

10. Überhaupt sollte uns dies zu einem Exkurs über die Mehrfachbouillon anregen, die gewiß zu den Köstlichkeiten des Suppentopfs zählt und auch ein vorzügliches Grundmaterial für Risotto etc. abgibt. Hierbei handelt es sich schlicht um eine Bouillon, in der mehrfach Rindfleisch weichgekocht worden ist. Klassisch ist die doppelte Bouillon: Wurde beim ersten Mal das Rindfleisch im Wasser weichgekocht, ist in der verbleibenden Bouillon das zweite Rindfleisch verfertigt worden. Dieses Verfahren läßt sich nun mehrmals wiederholen, wobei die Bouillon von Mal zu Mal köstlicher wird (ich gestehe gerne, in meiner Praxis über eine Dreifachbouillon noch nicht hinausgekommen zu sein, weil die köstliche Suppe nicht

mehr lange genug vorhielt, um auch noch ein viertes Suppenfleisch in ihr zu bereiten).

11. Kochgut oder Grundbouillon mit Thymian und Oregano würzen.

(frei nach Jürgen Fahrenkamp)

Nicht zufällig gehe ich relativ ausführlich auf die Bouillon ein, denn sie bildet die Grundlage sehr vieler Gerichte der Regionalküche – auch wenn Rumohr (35) die Erfindung der Bouillon durch die Franzosen dem Umstand zuschreibt, daß diese nur im Süden über Öl und nur im Norden über Butter verfügt hätten – was Rumohr keineswegs daran hindert, um die Bouillon geradezu einen Kult zu machen. Er schlägt vor, die »gute Brühe« (98) zunächst etwas zu salzen, und erst nach zwei Stunden »sein volles Salz« hinzuzufügen, »welches alle übrigen Unreinheiten und toten Stoffe noch vollends in die Höhe steigen« läßt. Dann soll mit den Wurzeln und Kräutern der Topf so angefüllt werden, daß »die durch Verdünstung verringerte Brühe beinahe wieder den Rand des Topfes erreicht«, woraufhin sie eine weitere Stunde gekocht wird. Auch zieht er hohe Tontöpfe flachen Metalltöpfen vor (99). Der Bodensatz der Fleischreste und Knochen soll, nachdem Fleisch und Bouillon dem Topf entnommen sind, mit neuem Wasseraufguß noch einmal verkocht werden (100) – auch empfiehlt er (s.o.) das Mitkochen eines Stücks Leber, um die Gallertbildung zu verbessern (101f.). Schließlich empfiehlt er folgende Kraftbrühe, die ich leider noch nicht ausprobiert habe (103):

Kraftbrühe nach Rumohrscher Art: Fleisch- und/oder Schinkenschnitten anbraten, mit kräftiger Bouillon aufgießen, und solange köcheln lassen, bis das Fleisch vollständig verkocht ist.

Darüber hinaus genießt die Bouillon bei Rumohr eine nahezu universelle Verwertung. Er gart in ihr Kartoffeln (199,203), Kürbis (199), Karfiol, Kohl, Kohlsprossen, Spinat, Sauerampfer, Endivien (226 ff.).

An die Betrachtungen über die Rindsbouillon können wir umgehend diejenigen über die regional diversifizierten abgesottenen Fleischplatten anschließen. Oben war ja bereits von der Ollapotrida und von der Bollito Misto die Rede, welche strukturell diesen delikaten Speisenformen zuzurechnen sind. Da es sich hier aber nicht um ein systematisches Kochbuch handelt, steht es Varianten dieser Speisen gut an, hier wiederzukehren.

Beginnen wir gleich bei C.F.v. Rumohr, und dem Pot au Feu, dem »Topf auf dem Herd« zumal Rumohrs Absichten in der Wertschätzung der Regionalküchen meinen eigenen entsprechen: »Diese Kochbücher nun (z.B. Neubauer 1783, Anm.R.S) … haben sämtlich die Tendenz, die National- und Provinzialgerichte zu verdrängen, welche doch stets in der Volks- und Landesart begründet und fast ohne Ausnahme schmack- und nahrhaft sind. Die neueren deutschen Kochbücher sind leider meist bloße Nachäffungen der französischen« (31). (Ach, wären es heute bloß die Franzosen und nicht die Amerikaner!) Oder: »Gegenwärtig ist in der italienischen Küche nur das Volksmäßige lobenswert; wo man mit Anspruch auf Feinheit kocht, ist Kampf des Geizes mit der Übermengung« (33). Auch entgeht Rumohr keinesfalls der gastronomische Übergang vom französischen Feudalismus zum hegemonial werdenden Bürgertum. Zwar seien schon bei Ludwig XV. zwei Drittel des in der Küche verwendeten Fleisches zur Bouillonbereitung gebraucht worden, aber: »Erst die französische Revolution brachte mit dem dritten Stande zugleich die altfranzösische Haussuppe, den pot au feu, zu höheren Ehren. Er war mit allem Recht der Stolz der französischen Nation« (26).

Entsprechend (102f.) mutet auch Rumohrs Beschreibung der Ollapotrida wie eine solche des Syndroms Bollito misto/ Pot au Feu an: Werden Schinken, Rindfleisch, Kalbfleisch, Huhn und Taube mit Wurzeln, Kräutern und Gewürzen nach Maßgabe des Marktes gekocht, werden in der Mitte die Suppe, umringt von jeweils vier Fleischarten, serviert und noch mit Beilagen (Rumohr nennt Sardellen, Butter, Rettich, Gurken) versehen, so sei dies eine Pièce de Résistance, die Abwechslung für sechs Wochen garantiere.

100

Ähnlich angereichert ist der **Pot au Feu** nach dem Maler Henri de Toulouse-Lautrec (seine Bereitung der Bouillon wurde oben angedeutet); seine sechs Platten bestehen aus:

1. Dazu gekochtem Rindfleisch mit grobem Salz und der Gemüsegarnitur,
2. den Markknochen,
3. gefüllten Champignons,
4. glasierten Zwiebeln,
5. gefüllten Tomaten oder Melanzani,
6. Würsten.

Varianten:

1. mit Cognac verfeinern, mit Eiernudeln geben.
(frei nach Lilo Aureden)
2. Rindfleisch mit Brathuhn, mit Thymian, Rauchfleisch mit Schwarte und Kartoffeln kombinieren.
(frei nach Peter Fischer)
3. Rindfleisch, Schweinefleisch, Ochsenschwanz, Gans und rohen Schinken in ein mit Gänsefett ausgestrichenes Gefäß geben, dazu Zwiebeln, Karotten, einen Liter Rotwein, halb so viel Wasser, Pfeffer, Knoblauch und Bouquet garni.
(Pyrenäen-Variante frei nach Katinka Mostar)
4. Mit Hammel, Perlzwiebeln und Maronen.
(Berichonne-Variante frei nach Katinka Mostar)
5. Mit weißer Rübe, Lauch, Petersilie, Kerbel, Thymian, Lorbeer, Nelke, und – je nach Jahreszeit – Kohl, Kraut, Zeller, Knoblauch, Kartoffeln.
(frei nach Marianne Piepenstock)

Anschließend die einfachste Form der Pot au Feu, der österreichische **Tafelspitz:** Dieser wird nach Möglichkeit in großen Stücken (1–2 kg) 5 Stunden gekocht, in Scheiben geschnitten, mit Salz und Schnittlauch bestreut und mit Dillsauce, Schnittlauchsauce und/oder Kren zu Tisch gegeben.

(frei nach Marianne Piepenstock, Veronika Müller, Lilo Aureden)

Setzen wir mit den Suppen fort. Im Grundsatz ist die Hühnersuppe in ihrer Bereitung der Rindsuppe sehr ähnlich, sie muß nur, von ganz alten zähen Suppenhühnern abgesehen, weit kürzer kochen. Doch gibt es hier wiederum eine große Anzahl regionaler Raritäten:

Ujhàzisuppe (Ungarn): Das Huhn wird im kalten Wasser aufgesetzt, aufgekocht, weitergekocht. Ist das Huhn halb gar, werden 2 Zellerwurzeln, eine gelbe Rübe, eine Petersilienwurzel, 10 dkg Champignons, jeweils feinnudlig geschnitten, hinzu gefügt ebenso wie Salz, Petersilie, Pfefferkörner und Ingwer. (Besonders fein schmecken einige feinnudlig geschnittene Hahnenkämme darin). Vor dem Auftragen wird in Salzwasser abgekochter geschnittener Nudelteig hinzugefügt.

(frei nach Károly Gundel)

Werden die Gemüse durch mehrere Tassen feingeschnittene Karotten, Zwiebeln und Knoblauch ersetzt, erhalten wir die jiddische **Gildene Joich,** welche stilecht, statt mit Suppennudeln, mit Kreplach/Won-ton/Ravioli/ Maultaschen gereicht wird.

Das französische **Suppenhuhn nach König Heinrich IV.,** welches jede/r Franzose/Französin sonntags im Topf haben sollte, ist noch um einiges reicher. Zum einen wird entrindetes Brot zerkleinert und mit einigen Eßlöffeln Armagnac und Bouillon beträufelt; dazu werden Hühnerleber, Schinken und Knoblauch feingehackt, mit Salz, Pfeffer, Muskat, Petersilie, Schnittlauch und Salbei gewürzt, beides zu einer geschmeidigen Masse verrührt und in das vorbereitete Suppenhuhn eingefüllt. (Die Reste der Füllung kommen in kurz gekochte Kohlblätter, die in den letzten 20–30 Minuten mit dem Suppenhuhn garziehen). Zum anderen werden in einem großen Suppentopf 2 Liter Salzwasser erhitzt, dem gewürfeltes Rindfleisch, Markknochen, Hühnerklein, Hühnerherz, Hühnerleber hinzugegeben worden sind. Sobald diese Flüssigkeit kocht, kommt das gefüllte Huhn in den Topf und auf kleine Flamme. Das Kochgut wird durch kleingeschnittene Karotten, weiße Rüben, Porree, Zeller, Zwiebel (mit Nelken), Petersilie, Zellergrün und Petersilie ergänzt, auch ein Schuß Shoyu kann nicht schaden und brodelt sodann 2–3 Stunden. Zur Suppe werden Croutons

und Reibkäse gegeben, zum Huhn Gemüse und Kartoffeln.

(frei nach Marianne Piepenstock, Raymond Oliver,
Maurice Méségue)

Indische Hühnersuppe: Öl erhitzen, Zwiebel, Knoblauch, Gelbwurz, Ingwer, Sambal hinzufügen, dazu das
Suppenhuhn und Hühnerbrühe (oder auch Wasser). Vor
dem Servieren Salz und Zitronensaft hinzufügen.

(frei nach Syed Abdullah)

Mulligatawny vom Huhn: Zur Öl-Zwiebel-Knoblauch-
Mischung kommt ein handgemischtes Currypulver (s.o.),
dazu das Huhn, Zeller, Karotten, eine weiße Rübe sowie
Wasser. Vor dem Servieren gebe ich gerne Joghurt oder
Crème fraîche hinzu.

(frei nach Syed Abdullah)

Huhn mit Zwiebeln: Suppenhuhn zusammen mit mindestens einem Dutzend geschnittener Zwiebeln (welche
der Suppe ihr süßes Aroma geben), Suppengrün und Nelken kochen: in der Bouillon auch den Reis kochen, der
zum Huhn gegeben wird.

(frei nach Maurice Méségue)

Die indonesische Variante von Suppenhuhn heißt
Laksa: Das Suppenhuhn wird mit Wasser, Salz, Pfeffer,
Muskat weichgekocht. Das Huhn wird in Streifen
geschnitten. Wieder werden in Öl feingeschnittene Zwiebeln, Knoblauch sowie Koriander, Kreuzkümmel, geriebene Haselnüsse (im Original Kemiri-Nüsse), Gelbwurz,
Sereh (Zitronengras), Ingwer und Laos (Galgantwurzel,
pulverisiert) angeröstet, mit Bouillon und Kokosmilch,
welchen ein Lorbeerblatt beigegeben wird, aufgegossen
und unter Rühren 15 Minuten gekocht. Das zerschnittene
Huhn wird nebst einigen Krabben dazugegeben. Serviert
wird mit gekochten Fadennudeln, geviertelten Eiern,
gebackenen Zwiebelringen und Sambal.

(frei nach Louise Bader)

Weniger elaboriert sind die illustrierten Suppen auf
Schweinefleischbasis, wiewohl es auch hierzu spannende
indonesische, chinesische und französische Beiträge gibt.

Etwa die **Potage à l'Auvergnate:** Einen halben

Schweinskopf, mageren Speck, Schweinshaxe, Suppenfleisch kalt aufsetzen, eine Stunde lang brodeln lassen, mit
Karotten, weißen Rüben, Zwiebeln, Porree, Zeller, Kartoffeln, vorgekochten weißen Bohnen, Knoblauch, Thymian, Petersilie, Kerbel, Salz anreichern. In der Schluß-
phase etwas Cervelatwurst mitkochen lassen. Mit gerösteten
ten Brotscheiben servieren.

(frei nach Marianne Piepenstock, Raymond Oliver)

Oder die **Garbure:** Möglichst alle Gemüse der Jahreszeit (weiße Bohnen, Fisolen, Erbsen, Kohlrabi, Karotten,
Kartoffeln, Spargelstücke; Kohl, Zeller, Karotten, Kartoffeln ...) mit Knoblauch, Thymian, Petersilie, Majoran
sowie Speck, Schweine-, Hühner-, Gänse-, Entenfleisch
zusammenkochen, eventuell auch noch mit Schweine-
oder Gänseschmalz.

(frei nach Marianne Piepenstock, Raymond Oliver,
Henri de Toulouse-Lautrec/Maurice Joyant)

Nachdem ich die Garbure mehrmals gemacht habe,
muß ich vor einem Aspekt ausdrücklich warnen: sie stellt
zwar eine Symphonie von Geschmäckern dar, ist aber für
unsere heutige Auffassung doch recht fett. Entsprechend
würde ich empfehlen, vor dem Auftragen das als über-
schüssig wahrgenommene Fett abzuschöpfen und anderweitig zu verwenden.

Womit ich das Feld des Schweinespecks verlasse und
zur ebenso geschmackvollen Fischsuppe übergehe – insbesondere zu den von mir bevorzugten Fischsuppen nach
Art der **Bouillabaisse.**

Im Ausdruck »nach Art der Bouillabaisse« ist schon der
wesentliche Konflikt enthalten, der in der Diskussion um
die Bouillabaisse mit Notwendigkeit aufgetreten ist.

Die originale Marseiller Bouillabaisse kann bekanntlich
nur hergestellt werden, wenn sowohl für die Vorbouillon
(also den Fischsud) als auch für die Fischsuppe selbst eine
Vielfalt von Mittelmeerfischen zur Verfügung steht. Dies
ist in Mitteleuropa im allgemeinen nicht der Fall. (Ich
hatte einmal das Glück, in Heidelberg eine originale
Bouillabaisse kochen zu dürfen, weil eine »Stafette« die
Mittelmeerfische von Frankreich nach Heidelberg

gebracht hatte. Es hätte mir ähnlich ergehen können wie Vattel, wenn auch meine Kochehre nicht so entfaltet gewesen war, mich ähnlich suizidal wie Vattel zu verhalten.)

Daraus schließen verschiedene Autor/inn/en (zum Beispiel Peter Fischer/169f.), daß wegen der Nichtsubstituierbarkeit der Mittelmeerfische nicht von Bouillabaisse, sondern nur von Fischsuppe gesprochen werden könnte. Dagegen haben andere Autor/inn/en argumentiert (zum Beispiel Lilo Aureden/13), nicht am Mittelmeer gelegene französische Städte seien in keiner anderen Lage und doch werde von einer Bouillabaisse nach Art von Toulon (wo Atlantik- und Süßwasserfische verfügbar sind) gesprochen.

Nur mit dieser erheblichen Einschränkung kann also in der Folge von Bouillabaisse gesprochen werden. »Auf dem Papier sieht jedes Gericht anders aus als im Kochtopf« (Raymond Oliver/194).

Egal ob Toulon oder Marseille oder sonstwo: Wichtig ist, daß so viele verschiedene Fische wie möglich verwendet werden. Alle Fische, die verwendet werden dürfen, werden filetiert, und die Fischfilets von den Abfällen zur beiderseitigen Weiterverwendung getrennt. Es ist umstritten, ob auch Meeresfrüchte für Fischsuppen nach Art der Bouillabaisse verwendet werden dürfen. (Ich selbst neige dazu, ausgelöste Krabben und Tintenfische mitzuverwenden, nicht aber andere Krustentiere und Muscheln.)

Zunächst wird die Vorbouillon bereitet. In einer Mischung aus Wasser und Weißwein werden ganze kleine Felsenfische, soweit vorhanden, mitsamt den entstandenen Abfällen ausgekocht (Raymond Oliver bratet die Felsenfische noch in Öl und heißer Butter an, wovon ich abraten möchte, weil die Bouillabaisse durch das Olivenöl ohnehin noch fett genug wird). Gut eignen sich hierfür auch beispielsweise tiefgefrorene spanische Sardinen. Diese Mischung wird durch Zwiebeln, Karotten, Thymian, ein Lorbeerblatt, jeweils etwas Bohnenkraut, Rosmarin, Petersilie und Zeller, einige Tomaten- und Fenchelstücke sowie nach Geschmack durch Nelkenpulver und Knoblauch ergänzt. Die Vorbouillon wird passiert, geseiht und zur weiteren Verfügung beiseite gestellt.

Eventuell werden die filetierten Fischstücke in einer Porzellanschüssel – während die Vorbouillon vor sich hinköchelt – mit Meersalz, weißem Pfeffer, schwarzem Pfeffer, Safran (bitte hier nicht Gelbwurz als Ersatz nehmen!), Pernod, Olivenöl und Cayennepfeffer mariniert, eine Stunde lang kühl gestellt, mit einem Holzlöffel umgewendet.

Die passierte Vorbouillon wird mit den marinierten Fischfilets sowie den Marinadezutaten (auch in ersterem Falle wird die Marinade hinzugefügt) aufgesetzt, wozu noch Lauchscheiben, dicke Kartoffelscheiben, einige Tomaten, Meersalz nach Bedarf und getrocknete, pulverisierte Orangenschalen kommen. Ebenso die Meeresfrüchte hinzufügen und je nach Kochzeit alles garziehen lassen.

Welche Gemüse/Gewürze jeweils zu Vorbouillon/Fischsud und welche zu Marinade/Suppe gegeben werden, darüber gibt es zahllose Varianten, wie auch darüber, ob das Kochgut jeweils, sei es bei der Vorbouillon, sei es bei der Suppe, zunächst angebraten wird. Toulouse-Lautrec schlägt zudem die Variante vor – die, ihm zufolge, das Wesen der Bouillabaisse ausmacht! –, die Marinade mit kaltem Wasser glasweise aufzugießen, sprudelnd kochen zu lassen und die Fische (nach Garzeit) wieder dazuzugeben.

(frei nach Raymond Oliver, Henri de Toulouse-Lautrec/Maurice Joyant, Eugenie Erlewein – eher eine schwächere Version –, Sigrid Press, Peter Fischer, Oetker »Fische und Schalentiere«, Marianne Piepenstock)

Die Bouillabaisse/Fischsuppe nach Art der Bouillabaisse kann sowohl als Eintopfgang als auch nach dem Pot au Feu-Prinzip gegeben werden. In zweitem Falle wird zuerst die Suppe mit Croutons gereicht, anschließend die Fische und das Kochgemüse mit einer Sauce Aioli (s.o.) sowie einer Rouille.

Rouille: Die in der Bouillabaisse mitgekochten dicken

Kartoffelscheiben werden zerdrückt und mit Sambal, etwas Knoblauch und, so vorhanden, Fischleber vermengt. Je nach Konsistenz mit einigen Eßlöffeln Olivenöl und Brühe glatt streichen.

(frei nach Manuel Gasser und Raymond Oliver)

Wie sehr die Bouillabaisse über die Marseiller Fischsuppe hinaus bereits zu einer Gattungsbezeichnung geworden ist, veranschaulicht kein Umstand schlagender als die zwischenzeitlich erfolgte Kreation einer **Hühner-Bouillabaisse:**

Das Prinzip ist dasselbe, auch können alle vorstehenden Varianten nachgekocht werden. Ich nehme zur Vorbouillon die Carcasse vom Huhn, seine Knochen sowie das Hühnerklein, wozu noch einige Markknochen hinzugefügt werden. Das Hühnerfleisch folgt, mariniert oder unmariniert, in der Hauptsuppe. Zur Rouille werden entsprechend Hühnerbouillon und Hühnerleber genommen. Ansonsten bleiben alle Zutaten gleich.

(frei nach Manuel Gasser und Raymond Oliver)

In Eile folgen noch einige weitere Beiträge zur Fischsuppe. Toulouse-Lautrec schlägt beispielsweise ein Rezept vor, in welchem in einer Kasserolle Porree, Tomaten, Fenchel zusammen mit Lorbeerblatt und Nelken in Olivenöl glasig angedünstet und sodann Stücke von verschiedenen Mittelmeerfischen angebraten werden. Darauf ablöschen, kochen, Safran und Meersalz hinzufügen und mit Teigwaren servieren.

Die ungarische Fischsuppe **(Halászlé)** sieht vor, daß Fische verschiedener Gattungen (in diesem Falle handelt es sich um Süßwasserfische) in Stücke geschnitten und gesalzen werden. In reichlich Schmalz läßt man gehackte Zwiebeln mit Mehl und Rosenpaprika anlaufen und gießt sodann mit Wasser auf. Die Fische werden eingelegt und ziehen bei mäßiger Hitze, bis sie gar sind. Das Mehl kann durch eine gewürfelte rohe Kartoffel substituiert werden; vor dem Auftragen kann mit Rahm verfeinert werden.

(frei nach Wolf Neuber und Kata Szanda-Blechschmitt)

Die japanische Fischbrühe **(Bashi-Grundbrühe)** wird bereitet, indem ein quadratisches Stück Kombu-Alge in kaltem Wasser aufgesetzt und langsam erhitzt wird; vor dem Aufkochen werden Fischspäne dazugegeben. Die Brühe wird beiseite gestellt, bis die Fischpartikel sich setzen, sorgfältig abgegossen und mit Meersalz gewürzt. Durch die Hinzufügung von Karotten- und Zellerstücken entsteht die **Sonnensuppe,** durch Beigabe von Petersilienwurzel und eingelegten Paprikascheiben die **Mondsuppe,** wie auch eine Ergänzung durch Pilze, Krabben, Zitronenschale, Sake möglich ist.

(frei nach Takeko Yamakaze).

Die spanische **Zarzuela** ist zwar keine Fischsuppe mehr, lebt jedoch vom Gehalt der Sauce, weshalb sie auch noch an dieser Stelle erwähnt werden soll. Verschiedene Fische werden gebraten und mit einer Sauce aus Öl, Zwiebeln, einem Lorbeerblatt, Tomaten, Cayennepfeffer, Stärkemehl (oder Mehl), Knoblauch, Sherry (oder Weißwein) versehen. Garniert wird mit harten Eiern und Petersilie.

(frei nach Ministerio de Informacion)

Daß der Übergang zwischen Suppen und Eintöpfen fließend ist, dürfte sich schon herumgesprochen haben; dazu einige Beispiele:

Pichelsteiner Eintopf: Fleisch (Schwein/Lamm/Kalb/ Rind – gemischt oder eine Fleischsorte) in Würfel schneiden, in Butter anbraten, salzen, pfeffern. Ebenfalls das Gemüse (Karotten, Kartoffeln, Kraut, Zeller, Zwiebeln) in Würfel oder Scheiben schneiden und andünsten (in Rindermark oder kleingewürfeltem Räucherspeck), mit Kümmel würzen. Abwechselnd Fleisch und Gemüse (*Variante:* Fleisch-Gemüse-Kartoffeln) in einem Topf schichten, mit Bouillon übergießen, fertigkochen; vor dem Auftragen mit Petersilie bestreuen (*Variante:* mit Muskat würzen.

(frei nach Katinka Mostar, Oetker »Altdeutsche Kochrezepte«, Peter Fischer, Lilo Aureden)

Engadiner Gerstensuppe: Rindfleisch, eingeweichte weiße Bohnen und Gerste mit Wasser aufsetzen, nach 1 1/ 2 Stunden einen in Streifen geschnittenen kleinen Kohl und Kartoffeln hinzufügen und weiterkochen bis alles gar ist. Mit Mehl und Rahm einmachen.

(frei nach Katinka Mostar)

Chili con Carne: Getrocknete Bohnen (schwarze oder rote, es kann sich aber auch um weiße handeln) werden im Wasser mit Karotten, Zwiebeln, Knoblauch, Nelkenpulver, Petersilie und einem Lorbeerblatt aufgesetzt und halb gar gekocht. Das Fleisch (am besten in Würfel geschnittenes Rindfleisch) wird angebraten und mit Salz, Tomaten (bzw. Tomatenmark), Majoran (oder Oregano) und Chili (ersatzweise Cayennepfeffer, Sambal oelek oder Tabasco) in den Topf hinzugefügt.

Variante:

1. Das Fleisch und die weiteren Zutaten von Anfang an mitkochen lassen.

2. Fleisch zuerst mit Zwiebeln und Knoblauch anbraten, dann die (eingeweichten) getrockneten Bohnen und die anderen Zutaten dazugeben.

3. Mit Bouillon aufgießen.

(frei nach Katinka Mostar und »Moderne Küche«)

Boeuf bourguignon (Rindfleisch auf Burgunder Art): Speckwürfel werden in Butter ausgelassen, darin gehackte Zwiebeln und Rindfleisch angebraten. Dieses wird mit Mehl überstäubt, mit Salz, Pfeffer und Knoblauch gewürzt, mit Rotwein abgelöscht. Eine halbe Stunde vor dem Garwerden werden noch in Scheiben geschnittene Champignons sowie Perlzwiebeln dazugegeben.

Varianten:

1. Meine eigene bevorzugte Variante für das Alltagsleben besteht darin, das Stück Rindfleisch kalt in Rotwein aufzusetzen, und die Gemüse und Gewürze einfach hinzuzufügen (je nach Laune und Marktlage können Tomaten, grüne Oliven, Karotten, Estragon, Cayennepfeffer hinzugefügt werden, dafür fallen dann Speck und Butter weg).

2. Rotwein mit Wasser mischen, Knoblauch mit anbraten, mit Karotten, Thymian, Lorbeerblatt würzen, mit Cognac abschmecken.

3. Rindfleisch und Speck mit Cognac einen halben Tag im Steintopf marinieren; in Butter gehackte Schalotten andünsten, Thymian, Petersilie, Lorbeerblatt mit Bouil-

lon ablöschen, mit gehacktem Schinken und Rotwein aufkochen, Fleisch brodeln lassen, durchseihen. Dann die Perlzwiebeln und Champignons mit Schinken in Butter andünsten, Rotweinsauce dazugeben, wieder köcheln lassen, mit Butter und Mehl, verknetet, abschließen. Das Fleisch gleichzeitig im Backofen mit einem Stück Butter bräunen.

(frei nach »Moderne Küche«, Katinka Mostar, Marianne Piepenstock)

Bevor ich die ungemein schmackhaften regionalen Suppen und Eintöpfe auf Rindfleischgrundlage verlasse, möchte ich es nicht versäumen, an dieser Stelle eine meiner am häufigsten gekochten Eigenkompositionen zu dokumentieren.

Es handelt sich um die **Bouillon van Dyck,** eine Suppe, der schon mal im Schwäbischen fälschlicherweise nachgesagt worden ist, »se könne Dode aufwecke«. Das ist zwar nicht der Fall, aber es handelt sich fraglos – im Sinne jener chinesischen Grundsätze von Heilernährung, die auf die Kombination der fünf Elemente ebensoviel Wert legt wie auf ein gründliches Auskochen – um eine Suppe, die Chi (Lebenskraft) herzustellen imstande ist. Ich setze also Rindsknochen, Rindfleisch und ein Huhn kalt auf: soweit nichts neues. Hinzugefügt werden geschnittenes Suppengrün (der Zeller scheint mir unverzichtbar), Champignons in Scheiben, Knoblauch nach Geschmack, im Sommer kann schon mal eine Tomate dabeisein, Nelkenpulver, Estragon sowie eine ordentliche Portion grüner Pfefferkörner. Kein Salz! Das Ganze köchelt jetzt so mehrere Stunden vor sich hin (Zeit genug, um währenddessen im Falle eines mehrgängigen Menus anderes zu bereiten) und wird mit einer Flasche Sojasauce dann solange abgelöscht, bis es eine eindeutig van-Dyck-braune Farbe aufweist. (Für diesen Zweck ziehe ich die salzige Version der breiigen indonesischen Sojasauce, Ketjap asin, dem Shoyu vor.) Weiter folgt eine Flasche Dessertwein (Sherry oder Marsala, evtl. auch Malaga, Madeira oder Port), woraufhin noch eine gute halbe Stunde weitergekocht wird.

Das Fleisch kann entbeint, zerkleinert und in die Suppe

gegeben werden, wie es auch vor der Zugabe der Sojasauce herausgenommen und zu Gerichten weiterverarbei-
tet werden kann, bei welchen ohnehin eine anderweitige
Würzkraft vorgesehen ist z.B. das Rindfleisch für Rindfleischsalat oder Miroton (s.u.), das Huhn ebenfalls für
Salat oder für einen **Tscherkessischen Hühnertopf,** bei
welchem das gekochte und kleingeschnittene Hühnerfleisch in Öl zusammen mit halbierten Walnüssen geröstet
und nach Geschmack gewürzt und verfeinert wird.

Ähnlich exotisch wie das Vorstehende mutet unserei-
nen die **Winzersuppe Chabrot** an, deren vollständigen
Genuß ich mir allerdings seit meiner Alkoholabstinenz
(vom Alkohol als Kochgut abgesehen) verkneife:

Eine Beinscheibe vom Rind, Kalbsknochen und, soweit
vorhanden, eine Kalbshaxe werden mit Wasser aufgesetzt, wozu dann Porree, Zellerkraut, Petersilie, Knoblauch, Zwiebel, Nelken und eine weiße Rübe kommen. Es
kann ein Huhn folgen, welches, ähnlich dem Suppenhuhn
Heinrich IV., mit einer Füllung aus seiner faschierten
Leber, eingeweichtem Weißbrot, Kräutern, Eiern, Salz
und Pfeffer versehen ist sowie mit ganz gelassenen Porree-
stengeln und Karotten. Auch kann man/frau Tomaten in
der Bouillon »zergehen lassen«. Sobald gar, werden
Fleisch und Gemüse dem Suppentopf entnommen und
warmgestellt.

Der Boden der Suppenschüssel wird mit altbackenem
Brot ausgelegt, dieses wird gepfeffert und mit der Bouillon übergossen. Den ersten Gang bildet, wie unschwer zu
ahnen, die Suppe mit Brot und Reibkäse. Im zweiten
Gang folgt der alkoholische Clou: In den Suppenteller
wird sowohl Rotwein als auch eine Portion der Bouillon
gegeben und miteinander vermischt. Schließlich wird als
dritter Gang das gekochte Fleisch und Gemüse mit Tomatensauce, Kapern und Salzgurken zu Tisch gegeben.

Womit wir vorerst das Rind verlassen und wiederum
zum Huhn übergehen.

Coq au Vin (Huhn in Rotwein): Huhn in vier Teile
schneiden, salzen, pfeffern, in Mehl wenden, in einer
Mischung aus gewürfeltem Speck und Butter anbraten,

mit Rotwein ablöschen, nach halber Kochzeit Champignons dazugeben.

Varianten:

1. Mit Obers, Eigelb, frischem Estragon, Cognac legieren.

2. Meine eigene, bevorzugte Variante entspricht der oben beim Rindfleisch auf Burgunder Art genannten.

3. Die im Räucherspeck angebratenen Hühnerteile werden mit Cognac flambiert; abgelöscht/gekocht wird mit gehackten Zwiebeln, Knoblauch, Thymian und einer Mischung aus Bouillon und Rotwein.

(frei nach Peter Fischer, Katinka Mostar, Marianne Piepenstock, Katharina Prato)

Zu den beiden hier letztgenannten Speisen gibt es eine geradezu optimale Resteverwertung, die **Poschierten Eier auf Burgunder Art** oder auch **Burgunder Eier.** Sie fußen auf demselben Prinzip, das der ebenso nach außen hin bescheidene wie trickreiche Anthèlme de Brillat-Savarin zur Anwendung bringt, wenn er von den Rotisseuren einer saftigen Lammkeule die einzige Gunst sich ausbittet, im ausgetretenen Saft derselben sich Eier pochieren zu dürfen. (Daß er dann dem Austreten des Saftes mittels eines Messers nachhilft, steht auf einem anderen Blatt.) Nachdem das Rindfleisch oder das Huhn herausgegessen worden und von der Sauce etwas übriggeblieben ist, bringe man/frau zur nächstfolgenden Mahlzeit die Sauce wiederum zum Kochen, schlage jeweils ein Ei in einen Schöpflöffel und lasse dieses sanft in das blasenwerfende Kochgut gleiten, bis das Weiße des Eis gestockt ist und das flüssig bleibende Eigelb umhüllt hat.

Sollte es keine Reste geben, besteht auch kein Problem darin, mit Hilfe von Rotwein, Zwiebeln, Karotten, Salz, Thymian, Lorbeerblatt, Knoblauch, Petersilie, Rosmarin, Pfeffer, Butter/Mehl die Burgunder Sauce eigens herzustellen. Dennoch: beides probiert – kein Vergleich…

(frei nach Theodor Böttiger und Bernd Neuner-Duttenhofer)

Borschtsch: Meine eigene, bevorzugte Variante besteht darin, in Würfel geschnittenes Rindfleisch mit Zwiebeln,

114

Knoblauch, einem Suppengrün kalt aufzusetzen, nach dem Aufkochen das feingeschnittene Kraut und eine Flasche milchsauer vergorenen Rote-Rüben-Saft aus dem Reformhaus hinzuzufügen, mit Salz und Kümmel zu würzen, nach ca. 4 Stunden das Kochgut vom Feuer zu nehmen und mit Rahm oder Crème Fraîche zu legieren.

Ich halte dies für die optimale Lösung (die ich gleichwohl noch nirgends gelesen habe) des Rote-Rüben-Problems: weder dürfte es in zeitgenössischen Haushalten ohne weiteres möglich sein, die rohen roten Rüben 1–2 Wochen in Tonkrügen mit Sauerteigbrotstücken zu vergären, noch gibt die Verwendung mitgekochter roher Rüben oder gar in Essig konservierten Rote-Rüben-Salats (die Kochbuchliteratur oszilliert letztlich zwischen diesen drei Möglichkeiten) einen adäquaten Ersatz ab.

Varianten:

1. Suppengrün und Kümmel weglassen, dafür Lorbeerblätter mitverwenden.

2. Mit Räucherspeck und Tomatenmark zubereiten.

3. Im Grundsatz kann statt Rindfleisch jedes andere schlachtfähige Tier genommen werden.

4. Gleiches gilt für die Vielzahl der denkbaren Gemüse (Karfiol, Karotten, Lauch, Kartoffeln, weiße Rüben, Zeller – an Gewürzen Petersilie, Zitronensaft).

5. Rind und Schwein mit Pilzen, gelber Rübe, Zeller, Dill. Mit Croutons und Selchwürsten servieren (Kraut, Rote-Rüben-Saft, Rahm bleiben gleich.

(frei nach Huguette Couffigual, Eugenie Eberwein, Salcia Landmann, Veronika Müller, Katinka Mostar, Katharina Prato)

Nichtvegetarische Knoblauchsuppen. *Varianten:*

1. Gehackten Knoblauch in Olivenöl andünsten, mit Bouillon aufgießen, mit Eiern, Salz, Pfeffer fertigmachen, mit Croutons servieren.

(frei nach Maurice Mésségué)

2. Vegetarische Knoblauchsuppe, die mit Herbes de Provence zubereitet worden war, mit weißen Fleischstücken zu Tische geben.

(frei nach Maurice Mésségué)

3. Knoblauch in Schweine- oder Gänseschmalz andünsten.
(frei nach Raymond Oliver)
4. Kümmel und Pfeffer in Bouillon kochen; Knoblauch mit Salz. zerdrücken und in Schmalz (s. 3) andünsten, dazugeben; zum Schluß in Schmalz abgeröstete Brotwürfel »zischend in die Suppenterrine«.
(frei nach Wolf Neuber)
5. Knoblauch mit Schinkenwürfeln in Öl andünsten; dazu Tomate, Pfefferoni, Wasser, geschlagene Eier, Croutons.
(frei nach Huguette Couffigual)
Ochsenschwanzsuppe: Ochsenschwanzstücke, Suppengrün und Zwiebeln in Fett bräunen, mit Wasser aufgießen, salzen, zwei Stunden kochen lassen, durchseihen, entfetten, das Fleisch von den Knochen lösen, mit Madeira und Pfeffer abschmecken.
(frei nach »Moderne Küche«)
Mock-Turtle-Soup: Es besteht absolut kein Grund, die wenigen übriggebliebenen Seeschildkröten zu gastronomischen Zwecken weiter zu dezimieren, weil die «falsche Schildkrötensuppe«, wie sie wörtlich übersetzt heißt, an Geschmack die ehemalige echte ohnehin mühelos erreicht, wenn nicht übertrifft. Im einzelnen: Knochen und Kalbskopf waschen, mit einer kochenden Mischung aus Essig und Wasser übergießen, abtropfen lassen. Zwiebel und Speck würfeln, andünsten, mit dem Fleisch und den Knochen zusammen etwas braten lassen. Mit Wasser übergießen, mit Lorbeerblatt, Wacholderkörnern, Piment, Salz (oder Shoyu), Pfefferkörnern würzen, ca. 2 Stunden kochen lassen. Feingeschnittenes Suppengrün hinzufügen, eine weitere halbe Stunde kochen lassen. Den Kalbskopf herausnehmen, das Fleisch auslösen und in möglichst kleine Würfel schneiden, welche in eine Schüssel gegeben und mit einem Dessertwein (Madeira, Sherry, Marsala) als Marinade übergossen werden. Bouillon und Suppengrün durch ein Sieb streichen. Etwas Butter zerlassen, Mehl einrühren, goldbraune Farbe nehmen lassen, mit der Bouillon unter beständigem Rühren angie-

ßen. Nach Geschmack nachwürzen (Majoran, Thymian, Salbei, Basilikum, scharfer Paprika, Fleischextrakt, Cayennepfeffer), 10 Minuten kochen lassen. Mit Fleischwürfeln und Marinade als Suppe auftragen.

(frei nach Oetker, Katharina Prato)

Varianten:

1. Vor dem Auftragen Champignons und Rotwein in die Suppe geben.

(frei nach Oetker »Altdeutsche Kochrezepte«)

2. Mit Dessertwein (s. o.) abschmecken, mit Curry nachwürzen und zum Servieren mit einer Schlagobershaube versehen.

(frei nach »Moderne Küche« – dies wäre dann eine Art »Mock-Turtle-Soup Lady Curzon«)

Da wir gerade bei Ochsenschwanz und Kalbskopf sind, können wir gleich bei der regionalen Eintopfküche mit Innereien fortsetzen. Beginnen wir mit einer Delikatesse, die bedauerlicherweise zumeist als zu unfein gilt, um an den Tischen der Restaurants noch genossen werden zu dürfen: mit den Kutteln.

Von der Busccea war bereits oben die Rede. Nachzutragen bleibt zwischenzeitlich die Variante Huguette Couffiguals, die ja idealtypisch die »Küche der Armen« repräsentiert: Sie besteht neben den Kutteln und den roten Bohnen aus Suppengemüse, Räucherspeck, Zwiebeln, Knoblauch, Salz, Salbei und Tomaten. Die fertige Suppe wird mit in Achteln oder Scheiben geschnittenen harten Eiern garniert.

Um nichts weniger schmackhaft sind die asiatischen Varianten. Bei der **Soto babat** werden Zwiebeln, Knoblauch, Kemirinüsse (oder Haselnüsse), Gelbwurz und Galgantpulver (Laos) in heißem Öl angedünstet, die in Streifen geschnittenen vorgekochten Kutteln hinzugefügt und mit Bouillon aufgegossen. Gewürzt wird mit Sereh (Zitronengras). Wenn alles gut durch ist, wird die Suppe mit Bohnensprossen, Porree, Zellerstücken, gerösteten Zwiebelwürfeln serviert.

(frei nach Luise Bader)

In der Variante werden die Kutteln mit Zwiebeln, Porreescheiben, Salz, Pfeffer und Ingwer in Öl angedünstet und mit Wasser aufgegossen. Fertiggestellt werden sie nach ihrer Garzeit mit Kokosmilch und Zitronensaft.

(frei nach Huguette Couffignal)

Die Verfeinerung durch Zitronensaft spielt auch bei der **türkischen Kuttelsuppe** eine entscheidende Rolle. Die mit Zwiebeln, Knoblauch und Öl angedünsteten Kutteln werden hier mit Paprika gewürzt, mit Wasser oder (am besten Lamm-) Bouillon aufgegossen und mit Rahm und Zitronensaft legiert. Im Sommer, wenn sie reif sind und nicht aus irgendwelchen Glashäusern zusammengetragen werden, würde ich auch eine Tomate dazugeben.

Schließlich die Königin aller Kuttelsuppen, die **Kutteln in Apfelwein** (Tripes à la mode de Caen oder auch: Tripes au Cidre).

Hier, so muß ich gestehen, tritt einer der eingangs erwähnten Sonderfälle ein: mit dieser Königin verbindet mich eine platonische Liebe, oder anders gesagt, hier bin ich bislang noch nicht dazugekommen, auch nur eine Variante des Rezepts persönlich nachzukochen. Aber ich ziehe es vor, an dieser Stelle von anderen Kochbüchern abzuschreiben als diese Speise gänzlich außer acht zu lassen – zumal ein solches Verfahren erneut auf eine Ausgrenzung der Kuttelgerichte hinausliefe. (Als Quellen dienten mir hier Peter Fischer, Marianne Piepenstock und Henri de Toulouse-Lautrec.)

Es wird also ein hoher Topf genommen (und damit beginnt in den meisten Haushaltungen schon die Schwierigkeit, da es in ihnen keinen so hohen Topf gibt). Dessen Boden wird mit einem Kalbsfuß belegt (Varianten sprechen davon, den Kalbsfuß beim Fleischhauer vierteln zu lassen, oder davon, ihn auszubeinen, und den Boden des Topfes sowohl mit den Fleischstücken als auch mit dem Knochen zu belegen) und mit verschiedenen zerkleinerten Gemüsen und Gewürzen ausgekleidet: Zwiebeln, Karotten, Porree, Zeller, manche sprechen auch vom Suppengrün (fehlt also nur noch die Petersilienwurzel mitsamt der Petersilie), Nelken, eventuell auch (Variante) Thymian, Lorbeerblatt und Knoblauch. Auf diesen Belag werden die vorgekochten, gesalzenen, gepfefferten und in Streifen geschnittenen Kutteln gebettet (Piepenstock spricht von 1–2 kg – damit wir einen Blick für die Dimension erhalten), die sogleich mit Calvados (einem normannischen Apfelschnaps) übergossen werden. Darauf kommen bei manchen Autoren (bei idealgewichtbewußten eher nicht) einige Scheiben (Peter Fischer meint 10 dkg) Kalbsnierenfett (was mir nach meinen Erfahrungen mit Tscholent als durchaus sinnvolle Maßnahme erscheint – eine Art Sicherheitsnetz gegen das Anbrennen, falls etwas mit der Abdichtung schiefgehen sollte). Das Ganze (im Topf befindet sich ja bis jetzt kaum Flüssigkeit) wird nunmehr mit Cidre aufgegossen, bis es vollständig bedeckt ist. Dann, und hier befindet sich der Haken, wird der Topf so gründlich verschlossen, daß aus ihm keine Flüssigkeit entweichen kann, und die Speise entweder bei milder Hitze (d.h. auf kleinster Flamme) 8 Stunden gegart oder bis zu 12 Stunden in das (ebenfalls auf der niedrigsten Stufe eingestellte) Backrohr gegeben. Danach den Deckel abnehmen, sofort auftragen und essen.

Klassischerweise wird empfohlen, den Topf mittels eines Teigs aus Wasser und Mehl zu verschließen, was die Action so überaus kompliziert macht. Weiter ist von zentraler Bedeutung, daß es sich tatsächlich um Cidre (oder um einen vergleichbaren herben regionalen Apfelwein) handeln muß – eine Substitution durch den englisch-lieblichen Cider (oder vergleichbare regionale Apfelweine) ist absolut kontraproduktiv.

Womit ich zu den weiteren Innereien übergehe. Ich werde mich zu meinem Bedauern hier kürzer fassen, als es meinen Geschmacksnerven entspräche. Wie schon Tschernobyl unsere gastrosophische Totalität um das Wild und um die (schon vorher durch Cadmium arg eingeschränkten) Pilze verarmt hat, so die Flut von in der tierischen Nahrungskette angesammelten Chemikalienrückständen um den regelmäßigen Genuß der Innereien, insbesondere der Leber und der Nieren. Konnte es noch vor 20 Jahren zu den Sottisen aufgeklärter Gastrosophie gehören, die borniert-vorurteilsbeladene Innereienabstinenz der Muskelfleischspießer mit Ironie und empirischer Sozialforschung zu geißeln, hat der ökologische Verfall, zwischenzeitlich evident geworden, die ersteren wieder in ihr relatives Recht eingesetzt. Dennoch folgen einige Innereienrezepte, mit der Mahnung um Vorsicht und als Vorschein einer chemikalienfreien, genußfähigeren Zeit.

Das Bruckfleisch ist die traditionelle österreichische Innereiensymphonie, welche zu meinem Bedauern auch schon allzu häufig aus den hierfür geeigneten Konzertsälen verbannt worden ist. Im Zuge der Beiselkultur gab es allzu kurze, allzu sporadische Auftritte auf der österreichischen gastronomischen Bühne, so daß es zugreifen heißt, bevor es wieder verschwunden ist.

Zur Fertigung des Bruckfleisches wird eine feingeschnittene große Zwiebel in Fett angeröstet, dazu, jeweils gerieben, eine Petersilienwurzel, eine Karotte, ein Stück Zeller hinzugefügt, mit Majoran, Thymian und Pfeffer gewürzt. Wenn das geriebene Wurzelgemüse gelblich angelaufen ist, werden feingeschnittenes Beuschel, Herz, Milz und Lichteln (am ehesten mit Kehlkopfringe zu übersetzen) hinzugefügt und angedünstet. Mit Bouillon aufgießen (oder auch mit Wasser), nach Geschmack mit Essig dünsten. Woraufhin Streifen von der Leber, vom Bries, eventuell von den Nieren und, im Original, ein Kaffeelöffel frisches Schweinsblut hinzugefügt werden. Verkochen lassen und nach Geschmack salzen.

(frei nach ORF-Nachlese Oktober 1986; s. auch Katharina Prato)

Varianten:

1. Ohne Schweinsblut.

(frei nach Marianne Piepenstock)

Frisches Schweinsblut bei Bedarf zu erhalten, ist unter urbanen Bedingungen schon so eine Sache. Eine eßbare Kompromißmöglichkeit bestünde darin, die Sauce mit 2–3 Kaffeelöffeln ausgestochener Masse aus einer mageren Blutwurst zu verfeinern.

2. Gewürzmischung aus Knoblauch, Kümmel, Majoran, Thymian, Lorbeerblatt; zum Schluß mit einer

lichten Einbrenne oder Rahm versehen und noch einmal aufkochen lassen.

(frei nach Elisabeth Schandl)

Eine schlichtere Innereienserenade, die ich mit Sicherheit bei weitem öfter gekocht habe als Bruckfleisch – und zwar frei nach Gusto, nachdem ich es 1970 einmal in einer Münchner Gaststätte vorgesetzt bekommen hatte, daher auch keine Quellenangabe –, stellt das **Münchner Kesselfleisch** dar. In kaltem Wasser setze ich, in Scheiben oder Streifen geschnitten, Herz, Leber, Milz, Nieren, Kronfleisch (auch was ich sonst so an Innereien bekommen konnte, hier allerdings weder Beuschel noch Kutteln) auf, ebenso Karotten, Porree, Zeller, Petersilienwurzel, Knoblauch, Pfefferkörner. Statt Salz ziehe ich einen Schuß Shoyu vor, dazu etwas Nelkenpulver. Soweit dürfte das Rezept original sein (wobei an Schlachttagen wohl auch noch andere Fleischstücke in den Kessel gewandert sein dürften). Meiner Erfahrung nach, und das ist dann mit Sicherheit nicht mehr bayerisch, macht sich gegen Ende des Kochvorgangs ein Schuß (mit Vorsicht) selbstgemischten Currypulvers gut in der Bouillon.

Das entsprechende **Innereienragout** liest sich auf französisch wie folgt: in Streifen geschnittene Zwiebeln in Fett glasig dünsten, Leber, Herz, Milz, abgekochtes Beuschel hinzufügen, mit Knoblauch und Tomatenmark 1–2 Stunden leise brodeln lassen, salzen, pfeffern und mit einem Schuß Cognac oder Weinbrand versehen.

(frei nach Marianne Piepenstock)

Als ich **Leber** noch einigermaßen regelmäßig aß, habe ich mir 1964 in London Leber immer so zubereitet: Zwiebel und Knoblauch in Öl andünsten, die Leberstücke und einige Tomaten (oder Tomatenmark und Wasser) dazugeben, mit einem kräftigen Schlag Sambal Oelek würzen, salzen.

Nieren, in Scheiben, gehen gut in Öl, mit Senf, Kräutern, Kapern und Rahm oder Obers gedünstet.

(frei nach Lilo Aureden)

Oder auch mit Madeira bzw. einem vergleichbaren

Dessertwein. (frei nach Raymond Oliver und Peter Fischer)

Herz läßt sich exzellent in Rotwein kochen. Zum Beispiel in einer Court Bouillon aus Rotwein, welchem Zwiebel, Knoblauch, Nelken, Pfeffer, Lorbeerblatt, Zeller, Koriander, Karotten, Essig, Thymian und Chillies hinzugefügt worden sind. Die Marinade kann mit Olivenöl verkocht und/oder mit einer Einmachsauce versehen werden. Würzvarianten bestehen in Ingwer, Rosmarin, Cognac/Weinbrand und Tomatenmark; ich streue zum Schluß (dafür geize ich mit dem Salz) auch noch gerne einige gefüllte Oliven hinein.

(frei nach Peter Fischer)

Schließlich würde auch noch Katharina Pratos **Ragout** (sie versäumt nicht, zu übersetzen: »...in Österreich Eingemachtes, in Hessen Beiessen [habe ich leider, seit 14 Jahren in Hessen wohnhaft, dort noch nie gesehen, Anm.R.S.], in Norddeutschland Würzfleisch oder Pfeffer von...« Prato/421) in diese Kategorie gehören. Sie nimmt dazu – wobei es sich von selbst versteht, daß, jedenfalls zeitgenössisch Kochende, mit einem Bruchteil der Ingredienzien auskommen müssen.: Kalbskopf, Kalbseuter, Bries, Obergaumen, Kalbsnieren, Rindsmark, Hahnenkämme, Geflügelleber sowie Geflügel, Krebse, Champignons, kleine Schwämme, Muscheln, Trüffeln, Erbsen, Karfiol, Spargelstücke, Kohlrabi, Artischockenböden, gelbe Rüben, Schalotten, kleine Zwiebeln, Oliven.

Überhaupt läßt sich Katharina Prato zum Thema Innereien noch eine Menge einfallen. Die **Milz** etwa gibt sie (ich habe dies gleichfalls nicht ausprobiert) als »falschen Schnepfenkot«: die Milz wird ausgestreift, mit Zwiebel, Petersilie und Brösel in Butter oder Speck anlaufen gelassen, bis die Milz Farbe verliert. Diese Mischung wird mit 2 Sardellen, 2 Eßlöffeln Sauerrahm, Suppe, etwas Zitronensaft, Pfeffer und zerdrücktem Wacholder fertiggestellt und auf Semmelschnitten gestrichen, die unten gelb gebraten worden waren. Auch zu Kutteln und Beuscheln fällt der Prato jeweils eine Seite Rezepte ein:

mit Tomaten, mit Kapern in Wein, mit Speck und Kerbel-
...(Prato/291,294).

Gaisburger Marsch: Rindfleisch wird mit Zwiebeln,
Porree, Nelken und Lorbeerblatt gekocht, sodann wird
das Fleisch aus der Bouillon genommen. Kartoffeln werden gewürfelt, in Wasser halb gar und in der Bouillon
fertig gekocht. In dieser Suppe werden dann auch noch
Spätzle einmal aufgekocht. Das gekochte Fleisch wird
ebenfalls gewürfelt und der Suppe hinzugefügt. Mit Muskat würzen. Mit in Butter angebratenen Zwiebelscheiben
und Petersilie garnieren.

(frei nach CMA)

Gerstensuppe: Gerste mit einem Schinkenknochen,
Karotte und Kartoffel kochen, zum Schluß mit Rahm
garnieren.

(frei nach Andreas Hellrigl).

Graupensuppe: Suppenhuhn in kaltem Wasser aufset-
zen, aufkochen und köcheln lassen; nach einer Stunde
Magen und Herz des Huhns, Petersilienwurzel, Estragon,
Thymian, Salz und Pfeffer hinzufügen. Gegen Schluß des
Kochvorgangs werden die Leber des Huhns und die Grau-
pen dazugegeben.

(frei nach Jürgen Fahrenkamp)

Linsensuppe: Zwiebeln und Knoblauch in Öl anrösten,
in Würfel geschnittenes Rindfleisch hinzufügen, die Linsen (braune oder rote türkische) hineinschütten, mit Rotwein aufgießen, kleingeschnittenes Suppengrün hinzufügen, mit Salz, Cayennepfeffer, Kräutern und wenig Nelkenpulver würzen. Köcheln lassen, bis Fleisch und Linsen
durch sind.

Varianten:

1. Die Standardvariante ist selbstredend die, in welcher
nicht Rindfleisch (und auch nicht Lamm oder Huhn, die
ebenfalls vortrefflich munden) verwendet wird, sondern
Speck, Dörrfleisch, Selchfleisch, Würste – oder alles zu-
sammengenommen.

2. Kleingeschnittene Kartoffeln hinzufügen; Selchfleisch; mit Lorbeerblatt und Cayennepfeffer würzen –
und mit Schlagobers fertigmachen.

(frei nach Lilo Aureden)

3. Bauchspeck; Wasser und Essig statt Rotwein.

(frei nach Peter Fischer)

Bohnensuppe: Weiße (oder bunte) Bohnen einweichen, die weichen Bohnen im Einweichwasser aufsetzen, mit in Öl angerösteten Zwiebeln und Knoblauch sowie mit Fleisch nach Bedarf anreichern. Aufkochen und köcheln lassen, mit Salz, Paprika, Kräutern nach Bedarf würzen.

Varianten:

1. Lorbeerblatt, Pfeffer und Weinessig statt Paprika und Kräutern hinzufügen.

(frei nach Peter Fischer)

2. Bauchspeck, Porree, Lorbeerblatt, Nelken, Wacholder, Pfeffer, Majoran, Schlagobers.

(frei nach Lilo Aureden)

3. Hammelfleischwürfel in Butter bräunen, Zwiebel, Knoblauch und einen Eßlöffel Mehl dazugeben, durchrühren, mit heißer Bouillon aufgießen, mit Tomatenmark, Salz und Pfeffer brodeln lassen. Mit den weichgekochten Bohnen vermischen und mit Petersilie überstreuen.

(frei nach Marianne Piepenstock)

Erbsensuppe: Zwiebel, Knoblauch und Suppengrün in Speckwürfeln oder Öl anrösten, Erbsen und Wasser hinzufügen, weichkochen, nach Wunsch pürieren und Fleisch hinzufügen.

(frei nach Peter Fischer)

Unvollständig wäre eine Schilderung der Regionalküche auf Hülsenfrüchtebasis, würde nicht die **Rumfordsuppe** gebührend erwähnt – zumal ja aktuellerweise die Möglichkeit besteht, daß diese Suppe wieder bald im Munde des unteren Drittels der sogenannten Zweidrittelgesellschaft sich befinden könnte. Im Zuge der ersten Verelendungswelle, welche der beginnenden Industrialisierung an der Wende vom 18. zum 19.Jahrhundert geschuldet war, machten sich Leute aus den reichen Klassen, welche sich als Philanthropen verstanden, Gedanken, wie eine Hungersnot in Grenzen zu halten wäre. Dem bayrischen Grafen Rumford kam hierbei das ambivalente Verdienst zu, eine Suppe zu konstruieren, die den Effekt optimaler Kostengünstigkeit mit dem Effekt optimaler Nährstoffkombination zu verbinden den Anspruch hatte.

Für die Rumfordsuppe werden Rollgerste und eingeweichte Erbsen 2 Stunden zusammengekocht; hinzutreten gewürfelte rohe Erdäpfel, Wurzelwerk und gewürfeltes vorgekochtes Fleisch vom Schweinskopf sowie Salz (in der Originalversion Sardellen). Die Suppe wird fertiggekocht und mit gerösteten Schwarzbrotcroutons zu Tisch gegeben. (Ich folge hier der Darstellung von Katharina Prato – eigentümlicherweise fehlt das Rezept in Huguette Couffignals »Küche der Armen«.) Im Vergleich zur hegemonialen Fast-Food-Küche wie auch zu vielen Produkten der Diktatur des Vegetariats und erst recht im Vergleich zum berühmten Kochbuch für Sozialhilfeempfänger/innen von der Frankfurter Fachhochschule für Sozialarbeit schmeckt diese Suppe keineswegs so schlecht, wie es ihre Historie befürchten läßt. Vom karnivorischen Standpunkt aus – sie kann auch durchaus unter Weglassung des Schweinskopfs als vegetarische Suppe gegeben werden – gewinnt sie fraglos durch die Substituierung des Schweinskopfes (etwa durch Kalbskopf oder Suppenhuhn); auch tut es ihr gut, wenn sie mit selbstgemischtem Currypulver gewürzt und zum Schluß mit Sauerrahm legiert wird.

Da die Nachbarschaft von Hülsenfrüchten und Cerealien, wie sie in der Rumfordsuppe zu Ausdruck kommt, ohnehin naheliegend ist, können wir unseren raschen Durchgang durch Möglichkeiten der Regionalküche gleich mit Reis und Rollgerste fortsetzen.

Das Geheimnis des **Risotto** besteht in der erforderlichen exzellenten Qualität der zugrundeliegenden Kochflüssigkeit. Wenn, was leider oft vorkommt, das Risotto so langweilig schmeckt, daß es unverständlich wird, wieso außerhalb der Diätküche das Risotto überhaupt als eigenständige Hauptmahlzeit fungieren kann, liegt es zu 90 Prozent daran, daß die Kochflüssigkeit nicht gut genug war und zu den restlichen 10 Prozent, daß ein polierter, industrieller Reis verwendet worden ist.

Mein eigenes Grundrezept besteht folglich darin, am Vortag eine ausgezeichnete Rinderbouillon zu produzieren. Neben dem obligaten Suppengrün und dem Beinfleisch enthält diese jedenfalls einen ordentlichen Markknochen und 1–2 Stücke Ochsenschwanz. Selbstredend kann es sich in der Variante auch um eine Lämmerbouillon oder um eine Hühnerbouillon handeln. Das Fleisch wird nach Beendigung des Kochvorgangs herausgenommen und anderweitig verwendet (etwa als Markscheiben auf Röstbrot, als Rindfleischsalat...). Jenes Fleisch, das eventuell das Risotto selbst anreichern soll, wird in Würfel, Stücke oder Scheiben kleingeschnitten und 1–1 1/2 Stunden vor Beendigung des Kochvorgangs der Bouillon hinzugefügt. Ich nehme hierfür besonders gerne Rinderherz, aber das ist Geschmackssache. Salzen tue ich diese Bouillon nicht, statt des Salzes nehme ich einen kräftigen Schuß Shoyu (Sojasauce) oder eine entsprechende Menge Kapern. Ansonsten Gewürze nach Geschmack, wobei, da der Reis etwas mehr Würzung verträgt, die Bouillon ruhig eine Spur überwürzt sein darf (Estragon, Nelken, Zellerblätter, eventuell etwas Gelbwurz...). Tags darauf lasse ich, eine Stunde vor dem Essen, die so gewonnene Bouillon sprudelnd aufkochen und streue den Naturreis in den Topf. Klein drehen, eventuell eine Asbestplatte unter den Topf legen, ausquellen lassen, fertig.

Auch das Risotto ist ein ausgesprochen variantenreiches Essen. Zusammen mit dem Reis kann alles an kleingeschnittenen Früchten, Gemüsen, Fischen oder anderen Meerestieren hinzugefügt werden, dessen Kochdauer die des Reis nicht übersteigt. Beispielsweise die Kombination Paradeiserpüree/kleingeschnittene gefüllte grüne Oliven/ Kapern; oder Trockenfrüchte (Rosinen, geschnittene Datteln...); oder grüne Erbsen/feingewürfelte Karotten/ Karfiolröschen/...oder...oder...

Um nichts ärmer an Varianten stellen sich die Möglichkeiten dar, die sich aus der Kochflüssigkeit ergeben. Wenn ich selbst auch die obige Bouillon vorziehe, so kann es sich doch auch um nahezu jeden naturbelassenen Frucht- oder Gemüsesaft handeln (mein Favorit ist der milchsauer vergorene Rote-Rüben-Saft aus dem Reform-haus, pur oder mit Zellersaft gemischt), um einen großen Teil der Weine (was für Antialkoholiker wie mich den angenehmen Nebeneffekt hat, daß im Laufe des Kochpro-zesses sich der Alkohol verflüchtigt), um Gewürzwasser (das Wasser wird mit handgemischtem Curry, s.o., mit Garam Masala, mit variierten Herbes des Provence aufge-kocht, bevor der Reis eingestreut wird) oder um Kräuter-aufgüsse (von »Tee« wage ich in diesem Zusammenhang nicht zu sprechen); nicht zu vergessen die Court-Bouillon für Fisch-Risottos. Eine solche schlichte Risottomischung stellt sich in etwa wie folgt dar: Wasser mit mehreren Kaffeelöffeln Garam Masala sprudelnd aufkochen lassen, den Naturreis einstreuen, ca. eine Viertelstunde vor Fer-tigstellung noch eine Handvoll naturbelassene Haferflok-ken hinzufügen. Servieren und vor dem Genuß noch pro Teller einen Eßlöffel Crème Fraîche anrühren. Fertig.

Eine ebenso häufige (wie naheliegende) Variante stellt das Anrösten von Zwiebeln und anderem Kochgut (Kno-blauch, Schinken, Porree, Suppengrün, Kraut...) in Fett (Butter, Olivenöl, Speckwürfel etc.) dar, woraufhin ent-weder der Reis mitgedünstet und mit der Kochflüssigkeit aufgegossen oder (was ich vorziehe) das Zwiebel-Fett-Gemisch zusammen mit dem Reis (oder kurz vorher oder kurz danach) in die Kochflüssigkeit geschüttet wird.

An Varianten habe ich unter anderem gelesen (ohne diese ausprobiert zu haben): gehackte Senffrüchte/ Sherry; Bananen; Steifen von Ingwer; Hühnerleber/ Madeira/Cayennepfeffer; Lamm/Pfefferoni/Tomaten/ Rosinen/Mandeln; Huhn/Suppengrün/Kürbis/saure Gur-ken; Krabben/Tomaten/Fischbrühe...

Solcherart stellt sich auch der **Milchreis** nur als eine Variante des Risottos – mit der Kochflüssigkeit Milch – dar. Immerhin gibt es Rezepte, die außer Reis und Milch auch noch Datteln, kandierte Kirschen, Dörrzwetschken, Zitronat, Orangeat, Mandeln, Walnüsse vorsehen, und nur der Kuriosität halber führe ich den Marzipanreis an, welcher aus Milch, Reis, Marzipanmasse und Rahm be-steht...

Überflüssig zu erwähnen, daß die beste Resteverwertung des Risotto im Reissalat besteht, bis hin zu einem großen Teil der Frisch- und Trockenfrüchte mit Zitronensaft und alkoholischen Geschmacksträgern (Reis/Pfirsich/Barack; Reis/Melone/Curacao; Reis/Sardinen/Portwein...) – wie sich denn auch ein großer Teil der Risotti zum Füllen gebratenen Geflügels eignet.

Soviel zum Reis – gehen wir zur Rollgerste über. Die klassische Zubereitungsart der Rollgerste ist jenes aschkenasische Feiertagsgericht, der **Tscholent,** das Salcia Landmann zufolge (und auf sie werde ich mich in der Folge als zentrale Quelle beziehen) den vierten Gang des traditionellen jüdischen Festtagessens bildet.

In einem großen Topf (aus leidvoller Erfahrung rate ich entschieden davon ab, einen Aluminiumtopf zu verwenden) wird in Hühnerfett (welches auch durch Gänsefett oder Öl, jedoch keinesfalls durch Butter oder gar Schweineschmalz substituiert werden darf) gehackte Zwiebeln (die durch gehackten Knoblauch und ebensolches Suppengrün ergänzt werden können) angedünstet. Sodann wird in den Topf eingeschichtet: ein großes Stück Rindfleisch, mehrere Markknochen, eingeweichte Bohnen (weiß, braun oder schwarz) und jede Menge Rollgerste. Nach Geschmack würzen (meine Lieblingskombination für Tscholent ist Meersalz, Kreuzkümmel und Zimt). Kochgut wird mit mehreren Litern kochendem Wasser übergossen, bis alles mit Flüssigkeit bedeckt ist, und sodann entweder ins Backrohr geschoben oder (wozu ich mich besser verstehe) auf die kleinste Gasflamme (wiederum evtl. mit untergelegter Asbestplatte) gestellt. Die Speise ruht an jenem mild wärmenden Ort mindestens 9 Stunden, es können aber auch 14 Stunden sein. Noch warm/lauwarm wird sie serviert. Am besten schmecken Salzgurken dazu (wobei ich wie auch Frau Landmann, Salzgurken meine, wenn ich Salzgurken schreibe, nicht etwa Cornichons). Vorwarnung: Die Speise ist fett, und soll auch fett sein (sie kann daher nicht sehr oft auf dem Speisezettel erscheinen). Wie beim auf Bouillon basierenden Risotto besteht ihr Reiz darin, daß Rollgerste und

Leguminosen (wie oben der Reis) von einer mikroskopischen Fettschicht umhüllt sind – sowie in der geschmacklich reizvollen Synthese der leimigen Elemente von Rollgerste, Bohnen, Markknochen und Rindfleisch.

(Tscholent: selbstredend frei nach Salcia Landmann; Risotto: u.a. frei nach Johann Rottenhofer, Huguette Couffignal, Manuel Gasser, Barbara Rütting, Tien Hun)

Auch die Grundlage der **Paella** ist in Öl unter Zugabe von Safran und Knoblauch angerösteter und in der Folge von Kochflüssigkeit getrockneter Reis. Was dazu dann gebraten und gedämpft wird, um in der großen Pfanne den Reis zu illustrieren, ist derartig variantenreich, daß ich es bei einer bloßen Aufzählung bewenden lasse (wohl wissend, daß eine vollständige Bereitung der Paella im Sinne der Kombination aller Varianten zu Recht jene Vorwürfe treffen würden, die der Küche des Apicius gemacht werden): Huhn, Schwein, Schinken, Aal, Erbsen, Bohnen, Fisolen, Kichererbsen, Krebse, Schnecken, Artischokken, Paprikaschoten, Pfefferoni, Zwiebel, Gewürze und aromatische Kräuter, Karotten, Garnelen, Kaninchen, Tintenfisch, Muscheln, Chorizos (Debreziner), Langusten, Lamm, Fisch – und zum Schluß auch noch eventuell Zitronensaft.

(u.a. frei nach Ministerio de Informacion und Raymond Oliver)

Es liegt auf der Hand, daß sich im Sinne einer Gleichgewichtsküche diese Speise mannigfach umformulieren läßt, wie auch der Großteil der in diesem Kapitel vorgenannten: im makrobiotischen Sinne wie in jenem nach dem chinesischen Grundsatz der fünf Elemente, nach mosaischen Speisegrundsätzen usw.

Idealtypisch für die illustrierte regionale Cerealienküche wie Risotto/Pilaw, Tscholent und Paella ist auch der arabisch-nordafrikanische **Couscous** – wenn auch seiner Bereitung strukturell ähnliche Hindernisse entgegenstehen wie den Tripes au cidre. Eigentlich sollte der im kalten Wasser vorgequellte Weizengrieß in einem Sieb über der kochenden Sauce weichtrocknen, wobei dieses zweistökkige Kochgut luftdicht abzuschließen wäre. Doch gerät die Speise auch zufriedenstellend, wenn der Abschluß nicht luftdicht ist – oder wenn der Weizengrieß im Sieb über kochendem Wasser im Dampf gegart wird. In der Sauce (Öl/Zwiebel) können jedenfalls alle verfügbaren Gemüse und Hülsenfrüchte schwimmen (Peter Fischer rät vom Porree ab; ich selbst neige dazu, Kichererbsen für unverzichtbar zu halten), versehen mit einer Würze aus Chili/Cayenne/Harissa, Kreuzkümmel und Zimt sowie Huhn, Hammel/Lamm und/oder Schweinsfuß. Wer ein übriges tun will, mag gemahlene Rosenblätter darüber-streuen.

(frei nach Peter Fischer, Veronika Müller, Huguette Couffignal, die ihrerseits Rosinen, Kürbis und Fleisch-knödel empfiehlt)

Schießlich sei das Kapitel über die Volksküche mit eini-gen Sätzen über die Aufläufe beschlossen, die aus regio-nal-gastrosophischer Sicht wenig anderes darstellen als einen Eintopf, dem durch seinen Aufenthalt im Backrohr das Wasser entzogen worden ist. (Auf eine abweichende Ansicht wird unten eingegangen werden). Idealtypisch hierfür erscheint mir das südfranzösische **Cassoulet:** Weiße Bohnen werden eingeweicht, mit mehreren Flei-scharten (klassisch ist die Kombination Hammel/Lamm, Gans, Schwein; fakultativ Knoblauchwürste), die ange-braten worden sind (Lilo Aureden schlägt hierfür Butter vor), Zwiebeln, Knoblauch, Karotten, Nelken, Thymian, Lorbeerblatt zum Kochen gebracht, gesalzen. Dann bleibt der Topf 3–4 Stunden auf dem Feuer oder wandert das erste Mal ins Backrohr. Das Fleisch wird entbeint, in mundgerecht geschnitten, das Kochgut in eine mit mehre-ren Eßlöffeln Gänseschmalz ausgeschmierte feuerfeste Form umgebettet. Die Oberfläche des Kochguts wird nun mit Bröseln bestreut und mit Butterflocken belegt und das Ganze solange überbacken, bis sich eine feste Kruste gebildet hat. Wer mag, für den/die ist nun das Cassoulet fertig. Wer nicht, kann die Prozedur Kruste in das Koch-gut einrühren – Brösel streuen – Butterflöckchen legen – bis zur Krustenbildung erneut überbacken, bis zu sieben Mal wiederholen! (Woher hierfür die Kochflüssigkeit kommen soll, habe ich bis jetzt noch nicht erahnt. Ich habe es nie öfter als drei Mal geschafft, beim dritten Mal spätestens blieb der Kochlöffel stecken).

(frei nach Lilo Aureden, Katinka Mostar, Marianne Piepenstock, Henri de Toulouse-Lautrec)

Wie nahe der Auflauf dem Eintopf steht, geht aus dem Rezept der **Fabada** hervor, die wenig anderes ist als ein auf Schweinefleisch reduziertes und um den Überbackvorgang verarmtes Cassoulet: Weiße Bohnen werden mit Schinken, Speck, Schweinsohren, Schweinspfoten, Blutwurst und Chorizos sowie mit Safran, Salz und Pfeffer sehr langsam gekocht.

(frei nach Ministerio de Informacion)

Zum anderen ist das **Miroton** ein astreiner Auflauf zur Resteverwertung gekochten Rindfleischs, dessen Bestandteile ausnahmslos auch in einem Eintopf guten Geschmack machen würden: Gekochtes Rindfleisch wird in gleichmäßig dicke Scheiben geschnitten. Zwiebeln werden feingeschnitten und in Butter angedünstet. Aus einer in Butter gedünsteten Zwiebel, die mit Weißwein und Weinessig abgelöscht und in der Flüssigkeit auf die Hälfte eingekocht worden war, wird mit Demi-Glace (das ist eine um einige Löffel Bratenfonds ergänzte Spanische Sauce) und Tomatenmark eine Lyoner Sauce angefertigt. In eine gut gebutterte Form werden Fleisch-Zwiebeln-Fleisch-Sauce eingeschichtet, mit Bröseln und Petersilie überstreut, mit Butterflocken belegt, 20 Minuten im mittelheißen Ofen überkrustet.

(frei nach Marianne Piepenstock)

Und wer glaubt, all dies sei das Phantasma der Schwendterschen Fleischfresserei, wird spätestens bei den **Kartoffeln Parmentiér** eines besseren belehrt: Kartoffeln schälen, schneiden, in eine feuerfeste Form geben, in der zerlassene Butter sich verflüssigt hat, mit Bouillon übergießen, Salz, Pfeffer, Petersilie und dann in den Backofen.

(frei nach Marianne Piepenstock)

Sie würden aber auch mit Sicherheit als Bouillonkartoffeln gute Figur machen.

Immer noch eine zu wenig vegetarisch? Bitte schön: In eine mit Olivenöl eingefettete Form wird schichtweise gekochter Naturreis und ein Gemüsehacheé aus schwarzen Oliven, Kapern, Karotten und Zeller (oder anders, aus einer sardellenlos bereiteten Tapenade mit Karotten und Zeller) eingefüllt, mit einem Guß aus Eigelb/Rahm oder Obers eventuell Bröseln versehen, 20 Minuten im mittelheißen Ofen überkrustet. (Eine Variante eines vegetarischen Risottos). Oder: Reis (oder Hirse oder Weizengrieß) und eine Gemüsefüllung aus fleischloser Couscous-Sauce (sagen wir: Kichererbsen, Karotten, Kürbis, im Sommer Tomaten, mit Öl, Knoblauch, Harissa, Kreuzkümmel, Zimt). Beides (und ich könnte Dutzende von Varianten kombinieren) steht meilenweit über jenen unsäglich geschmacksarmen Grünkernaufläufen, die schon in ihrer fiktiven Eintopfform ungenießbar sind.

Die zu dokumentierende Gegenposition besteht darin, eine intime Nachbarschaft des Auflaufs zum Soufflé anzunehmen. So bei Johann Rottenhofer, der in der Tat köstliche Soufflé-Rezepte, etwa mit Orangenblüten oder Oberstee, produziert. Doch kann meines Erachtens vom **Soufflé** nur die Rede sein, wenn reichlich Eier verwendet werden – und zwar, wie Martin Ledermann zu Recht anmerkt, mehr (zu Schnee geschlagenes) Eiweiß als Eigelb. Das Eigelb wird mit einem Püree von welchen Geschmacksträgern immer (bei Ledermann reicht dies vom Hummer bis zum Kaffee) zu einer Grundmasse verrührt und anschließend rasch mit dem Eischnee vermengt. Diese Masse wird in eine mit Butter ausgestrichene Form eingefüllt (soweit die einzige Parallele zum Auflauf), um im mittelheißen Backrohr ohne zwischenzeitliches Öffnen der Tür fertiggestellt und sofort aufgetragen zu werden. Regionale Formen (etwa die berühmten Salzburger Nokkerln, deren Geschmacksträger eine Art von Vanillemilch ist) wären somit vor allem Sonderfälle dieser verallgemeinerten Soufflé-Kultur – die sich gleichwohl, besonders im Alltagsleben, zutiefst von einer Auflauf-Kultur, die den Namen verdient, unterscheidet.

Mascha
Grüne

9. Exkurs: Zur Dialektik des Gulaschs

Es wird aufgefallen sein, daß – und dies ausgerechnet bei mir als einem Menschen ungarischer Abstammung – gerade das Gulasch, ein hervorragendes Produkt jahrhundertealter Regionalküche, systematisch ausgeklammert blieb. Dies hat seinen guten Grund: In der Wahrnehmung des Gulaschs tritt idealtypisch jene Dialektik auf, die der Auflauf als mögliche »widersprüchliche Einheit von Eintopf und Soufflé« deutlich verfehlt. Im Hegelschen Dreischritt läßt sich das Gulasch wie folgt betrachten:

These: Es steht im allgemeinen Bewußtsein fest, was Gulasch ist und wie es sein soll (das »Allgemeine«).

Insbesondere im österreichischen und im süddeutschen Raum war zeitweilig präzise konsentiert, was ein Gulasch sein solle. Daher resultiert auch (seit den fünfziger Jahren) mein Standardrezept (und ich gestehe gerne zu, daß es von meiner Mutter beeinflußt ist): Feingeschnittene Zwiebeln, und zwar in derselben Menge, wie das vorgesehene Fleisch werden in Öl angeröstet. Sobald sie Farbe angenommen haben, wird das in Würfeln geschnittene Rindfleisch (und zwar nur Rindfleisch) hinzugefügt und gleichfalls angedünstet, mit süßem und/oder scharfem Paprikapulver überstäubt, vorsichtig mit Wasser (oder noch besser: mit Bouillon) aufgegossen und mit Majoran, Kümmel und Salz gewürzt. Nachdem das weich gegarte Fleisch und die zerkochten Zwiebelstücke nach mehreren Stunden zu einer sämigen Sauce sich verbunden haben, kann noch mit etwas Rahm legiert werden. Als Varianten gelten allenfalls die Hinzufügung feingehackten Knoblauchs zu den Zwiebeln, das Weglassen des Wassers und das mögliche Einstäuben mit Mehl statt des Rahms und die Verwendung von Schweineschmalz.

So undifferenziert dies auch sein mag, diese Betrachtung hatte (und hat) ihren vernünftigen Kern. Nicht nur, daß es »Gulasch« gab, das kaum Zwiebeln gesehen hat oder aus merkwürdigen Mischungen aus Rind- und Schweinefleisch bestand, es gab (und gibt) wahre Phantasieprodukte an »Gulasch«: da kommen Tomaten und Paprikaschoten hinein, Champignons und Rotwein, schwarze Pfefferkörner und Tomatenmark, grüne Erbsen und Ingwer. Ein Großteil der Ragouts (insbesonders in Norddeutschland) mußte nur noch rot eingefärbt sein, um als Gulasch gelten zu können.

Antithese: Es ist alles ganz anders. In Ungarn gibt es traditionell gewachsene Ausdifferenzierungen, die hinsichtlich ihrer Aktualität überregional-universelle Geltung besitzen (das »Besondere«).

In der Tat gibt es in der offiziellen zeitgenössischen ungarischen Kochbuchliteratur eine präzise Vierteilung im Formenkreis des Gulaschs:

Als Gulasch (»Gulyás« oder, genauer, **»Gulyás leves«**/ Gulaschsuppe) wird eine Suppe verstanden, bei welcher wenige Zwiebeln in Schmalz angeröstet, Fleisch, Wasser und Paprikapulver hinzugefügt (evtl. auch Majoran und Kümmel) werden, und alles gesalzen und köcheln gelassen wird. Vor der Fertigstellung werden geschälte in kleine Würfel geschnittene rohe Kartoffeln hinzugefügt sowie eventuell Teigwaren. Mit Rahm kann noch legiert werden. Verwendet wird hier vor allem Rindfleisch, aber auch die berühmte ungarische Fischsuppe (»Halászlé«) wird nach derselben Struktur hergestellt. (»Gulasch im ungarischen Sinne ist kein Eintopf mit Zwiebeln, sondern ein Eintopf mit Kartoffeln« – mündliche Information Zsolt Patka 1965.)

Was oben als Gulasch bezeichnet worden ist, das Zwiebel/Fleisch/Saft-Gemisch mit Mehl oder Rahm, gilt hingegen als Pörkölt. Es wird nicht nur aus Rindfleisch hergestellt, sondern auch aus Schweinefleisch (wie etwa in Karl Zehetners »Geheimnis des Pörkölt«) oder aus Wild – und mit Brot oder Semmeln gegessen.

Das **Paprikás** (»Paprikaasch« ausgesprochen) ist demgegenüber eine an Zwiebeln und Gewürzen (außer Paprika) ärmere Variante, bei der jedoch der Abschluß

mit Rahm keinesfalls fehlen darf und die von Teigwaren begleitet wird. Es wird so gut wie ausschließlich aus hellem Fleisch (Kalb, Huhn, Fisch) bereitet.

Schließlich gibt es noch den **Tokány,** der am ehesten jenem Ragout entspräche, das im Norden als Gulasch bezeichnet wird. Es wird mit Wein, Pilzen, verschiedenen Gewürzen und Gemüsen bereitet – und sogar das Paprikapulver kann durch schwarzen Pfeffer ersetzt werden.

Synthese: Auch das stimmt nicht so genau, wie es erscheinen mag. In alten ungarischen Kochbüchern sind die Übergänge fließend (das »Einzelne«).

Daß obiges Quartett eine relativ dünne Traditionsdecke aufweisen muß, wird schon aus dem Umstand klar, daß jedenfalls zwei zentrale Zutaten nicht über das 16.-18.Jahrhundert hinausreichen können: sowohl der Paprika/das Paprikapulver als auch insbesonders die Kartoffeln kamen aus Amerika. Ich begann in alten ungarischen Kochbüchern nachzulesen. Zwar habe ich keinen Hinweis auf jenes Urgulasch erhalten, daß die Rinderhirten (was »gulyás« ursprünglich heißt) schon vor 1492 in ihren Kesseln verfertigt haben könnten, aber einige andere Funde getätigt.

Im »Szegedi Szakácslönyv, irta Rézi Néni«, »Kochbuch aus Szeged, von der Resie (=Therese)-Tante verfaßt«, Szeged 1876, kommt die Gulaschsuppe überhaupt nicht vor; das »Gulaschfleisch« aus Rind soll aus verschiedenen Stücken des Rindes (darunter auch Innereien) gefertigt werden, und zwar im Kessel, mit wenigen Zwiebeln, Teigwaren (tarhonya oder csipetke), aber ohne Kartoffeln. Diese werden hingegen prompt jener Speise, die hier als »Pusztapörkölt« bekannt ist, als auch zu Paprikás, verkocht, ebenso das Ferkel – wobei beim Schweinepaprikás der Rahm wegfällt...

Im »A legujabb és legteljesebb Budapesti Szakácskönyv« (»Allerneuesten und allervollständigsten Budapester Kochbuch«, Budapest o.J. – um die Jahrhundertwende) von Géza Kugler stehen zwei Gulaschrezepte. Im ersten werden 15 dkg Rindfleisch einer Menge von immerhin 10 Zwiebeln beigesellt, beide werden in Butter angebraten und mit Paprika, Wasser und Mehl fertiggestellt. Im zweiten wird das Rindfleisch in aufgelassenem Paprikaspeck mit Zwiebel angebraten, zum Schluß aber, wie »Gulyás leves«, mit Kartoffelwürfeln abgeschlossen – aber nur als »Gulasch« und »Gulasch anders« differenziert. Das Rindspörkölt hingegen wird nicht nur mit Kalb- und Schweinefleisch gemischt, sondern auch mit Tomaten und Rotwein bereitet; auch köchelt der Rahm eine halbe Stunde mit – was sonst eher selten ist. Das Ochsenschwanzpörkölt sieht Karotten, Piment und Pfeffer statt Paprika; wiederum weist das Puszta-Pörkölt Kartoffeln auf.

(zeitgenössische Rezepte frei nach Károly Gundel, Marianne Piepenstock, Lilo Aureden, Kata Szander-Blechschmitt, Peter Fischer)

Im Übergang zwischen Gulyás, Pörkölt, Paprikás und Tokány scheint also historisch mehr gestattet zu sein, als es auf den ersten oder zweiten Blick aussieht. Daraus will ich aber nicht schließen, daß alles erlaubt ist. Wenn Frau Erlewein in ihrem Standardlehrbuch Rezepte bis hin zu »Gulaschknödeln«, »Gulasch mit Kastanien« und »Gulasch in Kartoffelteig« (Erlewein/165) angibt – wie quält Frau Eugenie Erlewein da das Gulasch! (das in der BRD nicht zufällig nicht nur »der Gulasch« heißt, sondern oft genug auch so schmeckt).

Wobei es eine Reihe von Varianten gibt, die mir als völlig legitim erscheinen:

Znaimergulasch: Gulasch mit einer aufgeschnittenen Salzgurke servieren.

Tiroler Saftgulasch: Dem Gulasch eine halbe Tasse Speckwürfel hinzufügen.

(frei nach Andreas Hellrigl)

Paprikahuhn:

Varianten:

1. Mit Hühnerbrühe aufgießen.

(frei nach Károly Gundel)

2. Statt Rahm Crème fraîche verwenden.

(frei nach Katinka Mostar)

Variante: Dörrfleisch, Rind, Schwein mischen, Sauerkraut verwenden, mit Rotwein aufgießen.

(frei nach Lilo Aureden)

Korhely-Suppe: Sauerkraut in Salzwasser kochen; in Schmalz Mehl bräunen lassen, Paprikapulver hinzufügen, unter ständigem Rühren Wasser hinzugießen, mit Sauerkraut kurz aufkochen lassen, geräucherte Wurst in Scheiben und Rahm hinzufügen.

(frei nach Kata Szander-Blechschmitt)

Variante: Mit Sauerkraut geräuchertes Rippenstück mitkochen, Zwiebeln, Knoblauch, Dill dazugeben; ausgebratene Speckwürfel. Debreciner, Paprikapulver, Rahm, Mehl hinzufügen, aufkochen.

(frei nach Károly Gundel)

Womit ich das appetitanregende Gulasch verlasse, nicht ohne noch am Rande eine Speise mit einer dem Gulasch entsprechenden strukturellen Ähnlichkeit zu erwähnen: die **Estouffade.**

Die sozioökonomische Ausgangslage ist die gleiche: Rinderhirten versuchen, mit einem Minimum an Gefäßen (etwa einem Kessel) und einigen würzenden Zutaten, die ohnehin zur Hand sind, eher zähe und unansehnliche Fleischstücke weichzukriegen. Die Estouffade unterscheidet sich vom Gulasch wie die Provence von Ungarn.

Estouffade à la Camargue: Zwiebeln und Knoblauch, feingeschnitten, in Butter oder Olivenöl anbraten, gewürfeltes Rindfleisch hinzufügen, mit etwas Bouillon übergießen (ich mache mir zumeist eine solche rasche Bouillon, indem ich Faschiertes vom Rind kalt aufsetze und eine halbe Stunde auskoche), aufkochen lassen, mit Rotwein, zerkleinerten Tomaten, Speckwürfeln, Petersilie und Thymian aufgießen bzw. würzen. Solange schmoren lassen, bis das Rindfleisch weich ist (wenn es sein muß, über Nacht), vor Beendigung schwarze Oliven dazutun.

(frei nach Marianne Piepenstock)

Varianten:

1. Provencealisch: statt Rotwein Weißwein, statt Tomaten Tomatenmark, statt Speck Karotten, Pfeffer, Zellerkraut, statt schwarze Oliven grüne Oliven und Champignons.

(frei nach Marianne Piepenstock)

2. Spanisch: Olivenöl; Weißwein; Salz (keine Oliven); Perlzwiebeln, kleine, geschälte Kartoffeln, ausgebratene Speckwürfel und Schwartenmagenstücke.
(frei nach Victoria Serra)

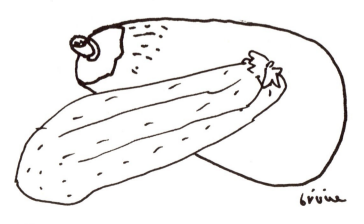

10. Zur Küche als Heilung

Ausgegangen war ich von einer Skizze der sich im Zuge der Tendenzen zur Akkumulation und Zentralisation des Kapitals strukturalisierenden Weltmarktküche und von den Neigungen der nationalen Küchen, sich dieser gastronomischen Weltmarktstruktur allmählich anzupassen. Es folgten deren mechanische Negation, die »Diktatur des Vegetariats«, sowie einige Versuche ihrer bestimmten Negation: ein erster Durchgang durch eine undogmatisch verstandene Makrobiotik; Bewegungen zu einer Gleichgewichtsküche bei den Klassikern der Gastrosophie, bei der Nouvelle Cuisine, bei der (immer prekären, immer gefährdeten) Wiederherstellung der Regionalküche. Selten konnte ich hierbei gebührend auf die Balance zwischen dem Wohlgeschmack und der gesundheitlichen Zuträglichkeit hinweisen – wiewohl ich mich, bei mehr Zeit und Platz, anheischig machen würde, in jedem Falle den Stellenwert des von mir dokumentierten Rezepts hinsichtlich seines Gleichgewichts zu markieren. Auch gibt es genügend Variationsmöglichkeiten, schon in Menge und Verhältnis der Zutaten zueinander, um die Gleichgewichtsverhältnisse und Neutralisierungen zu verbessern. Bewußt bin ich mir dessen, daß es jede Menge externer und klassenströmungsspezifischer Gründe gibt, einen solchen »heilsamen« Umgang mit der Gastronomie zu beeinträchtigen.

Strukturell nicht viel anders – ich muß jetzt abkürzen – stellt sich meines Erachtens die zum industriell-medizinischen Komplex parallellaufende Entwicklung der Heilkunde dar. Das 19. Jahrhundert ist nicht nur gekennzeichnet durch das Anwachsen von die Gesundheit betreffenden technischen Innovationen und durch die allmähliche Entwicklung der chemischen Industrie, sondern auch durch die Hegemonie, anders gesagt, durch den zunehmend durchgesetzten kulturellen Herrschaftsansphuch eines naturwissenschaftlichen Paradigmas auf dem gesamten Gebiete der Heilkunde, welches an die Stelle einer ganzheitlichen Betrachtung der krankmachenden Lebensumstände den Menschen als Objekt seines Blicks in maschinell-fragmentierte Einzelteile zerlegt, um diese vereinzelt wahrgenommenen Defekte und Symptome mittels darauf bezogener Behandlung in den Griff zu bekommen. Teils sind hierbei fraglos Erfolge erzielt worden (beispielsweise denke ich an die Erfindung der Antibiotika, die nichts für ihre Schädlichkeit durch ihren Mißbrauch als alltägliche Universalmedizin können), teils wurden auch Sachverhalte anderer Herkunft der Wirksamkeit des naturwissenschaftlich-medizinischen Paradigmas zugeschrieben (etwa die Verlängerung der durchschnittlichen Lebenserwartung, welche, meinem Kasseler Kollegen Labisch zufolge, eher der Verbesserung der hygienischen Bedingungen zu danken ist als dem ärztlichen Eingriff). Das Krankenversicherungssystem, Ende des 19. Jahrhunderts verallgemeinert, bringt zwar für den Großteil der Bevölkerung eine erhebliche Besserstellung der ärztlichen Versorgung, weist jedoch auf die Bildung jener unbeweglichen Blöcke im 20. Jahrhundert hin, in welchen es zusammen mit den Ärztekammern, den stetig weiterwachsenden pharmazeutischen Konzernen sowie jenen der Apparatetechnologie und den staatlichen Großanstalten jenes magische Mehreck bildet, dessen inhumansten Auswuchs bislang der nationalsozialistische öffentliche Gesundheitsdienst darstellte. Zunehmend, wie Ivan Illich nachgewiesen hat, mit dem Kurieren der eigenen Nebenwirkungen befaßt, läßt der Komplex einen Ausblick auf weiter verfeinerte Fragmentierungen, auf Apparatemedizin und Gentechnologie offen. Wobei sich, dies eine Gemeinsamkeit im Negativen, die Nebenwirkungen der Pharmaka mit jenen der Lebensmittelzusätze vermischen, ergänzt durch die Einflüsse einer unübersichtlichen Menge diverser anderer Schadstoffe aus anderen Lebenszusammenhängen.

Wir können nun besser verstehen, wie weit sich

Gesundheit von Nahrung, wie weit sich Nahrung von Gesundheit entfernt hat. Weder wäre es möglich, sich von zeitgenössischen Heilmitteln ohne Schaden zu ernähren, noch durch den Konsum zeitgenössischer Nahrungsmittel gesund zu bleiben. Abstrahieren muß ich nur von einem bedeutsamen Zwischenglied: nämlich inwieweit die wirtschaftlichen und sozialen Bedingungen der verschiedenen Klassenströmungen des Volkes eine Anpassung derselben an die skizzierten Nahrungsgewohnheiten und Heilweisen zwischenzeitlich hervorgetrieben haben. Mein Lieblingsbeispiel betrifft mich selbst, steht allerdings am Rande des Gegenstands: Bei dem Streß meines Arbeits- und Lebenszusammenhangs wird es wohl noch einige Zeit dauern, bis ich zum Nichtraucher werden kann. Deutlicher wird es, wenn Wiegelmann, Braun folgend, konstatiert, die eintönige Arbeit der Textilarbeiter hätte dazu geführt, diese durch eine gesteigerte »Leckerhaftigkeit«, also durch starken Zuckerverbrauch, zu kompensieren, wenn Teuteberg mit Bernhard die Tendenz zur künstlichen Kinderernährung bereits im 19. Jahrhundert in einen Zusammenhang zur Industrialisierung bringen, oder auch wenn die Zeitschrift »Spiegel« flachst, Realität sei eine Illusion, die durch den Mangel an Alkohol entstehe. Nichtsdestoweniger bleibt der Zusammenhang von Volksnahrung und wirtschaftlich-ökonomischen Rahmenbedingungen eine bedeutsame Arbeitshypothese. »Die Nahrung ist ein täglich mehrfach verwirklichtes, aber kurzlebiges Kulturgut, das von wirtschaftlichen Zuständen und Schwankungen in starkem Maße betroffen wird« (Wiegelmann).

Die zunehmende Entfernung von Volksnahrung und Naturheilkunde in der gesamtgesellschaftlichen Tendenz reflektiert sich auch in der Literatur. Zum einen ist festzustellen, daß ihr Zusammenhang bei den genannten Autoren, wo ihr Schwerpunkt die Erörterung des 19. Jahrhunderts bildet, auffällig selten thematisiert wird. Bei Wiegelmann ist einige Male vom Hafer einschlägig die Rede, einmal von Honig, etwas von der stopfenden Wirkung der Hirse und der schlaffördernden Wirkung des Lattichs, ausführlicher nur von den zeitgenössischen Kritiken an der mangelnden diätetischen Bedeutung der Kartoffel. Teuteberg nennt kurz die Ängste der sozialen Unterschichten vor der Bereitung von Fisch, Gemüse, Obst und Milch sowie ebenfalls die Kartoffeldiskussion. Auch Sandgruber geht an mehreren Stellen auf den Disput über die Wirkung der Kartoffel ein, einmal auf Kneipps Gerstenkaffee, auf die Renaissance des Hafers als Gesundheitsnahrung im 20. Jahrhundert, auf den Knoblauchkonsum der verelendeten Ziegeleiarbeiter. Tannahill, die diesen Zusammenhang von der sumerischen Küche bis zum Mittelalter deutlich aufrechterhält, erwähnt, neben einer breiten Auflistung der Verfälschungen, die Zunahme der Rachitis durch den Gebrauch von Kondensmilch und den auftretenden Nährmittelverlust durch Weißbrot und weißen Reis.

Nicht, daß es nicht schon im 19. Jahrhundert Sub- und Teilkulturen gegeben hätte, die dieses Auseinanderdriften bestimmt negiert hätten: Die Entstehung der ersten Reformhäuser und vegetarischen Restaurants wäre sonst nicht erklärbar. Im Verlauf des 20. Jahrhunderts beginnt das skizzierte überwältigende Ausmaß der Entfernung Subkulturen hervorzutreiben, die den Zusammenhang von Nahrungsmittel und Naturheilkunde wieder thematisieren – bis hin zur Entstehung einer »Gesundheitsbewegung« in den späten siebziger Jahren, die alternativ zu den bundesdeutschen Ärztetagen Gesundheitstage organisiert und der sich folgerichtig die Frage gegenwärtiger und zukünftiger sozialer Innovationen stellt. Durch die teilweise Übernahme ihrer abweichenden Normen in populärwissenschaftliches Schrifttum und Lebenshilfehandbücher sickert ihr Gedankengut auch teilkulturell in andere Klassenströmungen der Bevölkerung ein (wie es die Nahrungsmittelvolkskunde für das 19. Jahrhundert hinsichtlich der verbreiteten Kochbücher von Henriette Davidis und Katharina Prato nachgewiesen hat). Dabei verliert sie manche ihr anhaftende sektiererische Züge (etwa die vollständige Ablehnung des Fleischkonsums in der vegetarischen Bewegung). Schließlich erreicht sie über die Chiffren der Selbsthilfe und der Selbstmedikation, auf welch widersprüchliche Weise auch immer, die Weltgesundheitsorganisation, deren einschlägige Veröffentlichungen wiederum zur Stärkung der Gesundheitsbewegung herangezogen werden.

Es ist naheliegend, daß in einer historischen Situation, die, wie skizziert, von einer extremen Fragmentierung des Menschen, seines Körpers wie seiner Seele, und seiner Lebensbereiche des Alltags ausgeht, die subkulturelle Negation von ganzheitlichen Normen auszugehen bestrebt ist. Dabei überlagern sich traditionelle Kenntnisse der Erfahrungsheilkunde und zeitgenössische Forschungen abweichender Medizin, und dies in einer Weise, die es uns vorerst nur gestattet, in Arbeitshypothesen zu sprechen, um die beiden naheliegenden Fallen zu vermeiden, von welchen gerade auch die Geschichte von Volkskunde/Ethnologie/empirischer Kulturwissenschaft gezeichnet worden ist: die Verklärung des Alten bis in eine »richtige« Vorzeit humanen Lebens einerseits, der umfassende Ideologieverdacht gegenüber einem als irrational-voraufklärerisch-vormodern wahrgenommenen Alten andererseits. In diesem Sinne sind auch meine nächsten Ausführungen mit der gebotenen Vorsicht aufzunehmen.

Die ganzheitliche Wahrnehmung des gesunden Menschen geht letztlich, und dies so gut wie universal, von Gleichgewichtsvorstellungen aus; die richtige Nahrung befindet sich im Gleichgewicht, Krankheiten sind Störungen des Gleichgewichts, und Heilnahrung dient seiner Wiederherstellung. Paradigmatisch hierfür ist die chinesische (später auch japanische) Auffassung einer Gleichgewichtsdialektik zwischen heißem, sonnigem, zentripetalem Yang und kaltem, nassem, zentrifugalem Yin (es können unschwer jedem dieser Begriffe mehrere hundert weitere zugeordnet werden). Wie Stephán Pálos in seiner »Chinesischen Heilkunde« noch vor kuzem nachgewiesen hat, hat diese Auffassung, ungefähr 4000 bis 5000 Jahre alt, auch für die zeitgenössische chinesische Heilkunde nicht an Bedeutung verloren. Nun ist mir zwarklar, daß eine Gleichgewichtsdialektik nicht hinreicht, alle Phänomene der Welt zu erklären zu versuchen, ich will aber hier

145

nicht meine im »Kursbuch 53« getätigten Ausführungen des Verhältnisses zwischen Gleichgewichtsdialektik und Widerspruchsdialektik wiederholen. Auch würde ich zum anderen davor warnen, die ostasiatische Gleichgewichtsdialektik vorschnell dem Bereiche magischen Denkens zuzuschlagen und diese dadurch abzuwerten (auch wenn dies für manche ihrer Momente, etwa die, die im patriarchalischen Gewande einherstolzieren, fraglos gilt). Es finden sich nämlich viele auf den ersten Blick überraschende Koinzidenzen zu naturwissenschaftlichen Gleichgewichtsvorstellungen. Beim Vermonter Naturheiler Jarvis tritt eben dasselbe Gleichgewicht in den Kategorien von »sauer« und »alkalisch« auf. Auch erwähnte dieser, wie auch die Makrobiotik George Ohsawas, jenen Zusammenhang mit den Wirkungen des Sympathikus und des Parasympathikus, die der Wiener Arzt Walther Birkmeyer in einen kohärenten Zusammenhang mit der alten Yin/Yang-Lehre verdienstvollerweise gebracht hat. Dies ist schon oben erwähnt worden.

Es ist mir klar, die Gültigkeit der Arbeitshypothese unterstellt, daß hiermit die Probleme erst beginnen. Tannahill hat in ihrer »Kulturgeschichte des Essens« nachgewiesen, daß die arabische Weiterentwicklung der Lehre Galens zur mittelalterlichen Salerno-Diät mit der Yin/Yang-Lehre weithin vergleichbar ist – dennoch scheiterte sie (möglicherweise auch an einer Rigidität, die Ohsawas reiner Getreide-Diät vergleichbar wäre: »Wer alle diese Speisen gehorsam mied, dem blieb nicht mehr viel zu essen übrig« – Tannahill). Auch ist abzusehen – und auch in der Wirklichkeit eingetreten –, daß ein endloser Diskurs stattfinden wird, welche Speisen, Getränke, Gewürze und sonstigen Lebensumstände nun glücklich Yang und welche Yin sind.

Hierbei ist mir bei meiner Arbeit (wie auch bei meinen halbherzigen Bemühungen um eine entsprechende Lebenspraxis) aufgefallen, daß die Gleichgewichtshypothese eher eine Hilfe als ein Hindernis darstellt. Zum einen spielt beispielsweise das Klima eine gewichtige Rolle bei der Yin/Yang-Zuordnung; wenn etwa Ohsawa

gegen Jarvis polemisiert, daß dessen nahezu allheilmittel-
hafte Anwendung einer Mischung von Honig und Obstessig zu einem Yin-Übergewicht führe, so ist zu bedenken,
daß das Gleichgewicht in »einem der klimatisch unbestän-
digsten Gebiete der Erde« (Jarvis) anders aussehen mag
als in Japan. Zum anderen geht aus einer Zusammenschau
aller von mir exemplarisch herangezogenen Naturheilbü-
cher hervor, daß – bei allen Unterschieden im Detail –
kein Nahrungsmittel etwa als »heilunwürdig« ausgegrenzt
wird, daß jedoch ihr Verhältnis zueinander in quantitati-
ver und qualitativer Hinsicht eine entscheidende Rolle
spielt. Bei allen historischen und regionalen Ausdifferenzierungen, zum ersten, stoßen wir auf eine Reihe von
Nahrungsmitteln, deren heilende Wirkung universale
Geltung zu haben scheint. Dies gilt beispielsweise für den
Knoblauch, den Apfel, den Kren. Zum zweiten, im
Gegensatz dazu, gibt es sehr viele Nahrungsmittel, deren
Heilwirkung im einzelnen unbestritten ist. Die Kartoffel
etwa wird nicht nur, wie Sandgruber dokumentiert hat,
zum einen vom Vorarlberger Pfarrer Weizenegger abge-
lehnt wie auch von den Makrobiotikern Hufeland und
Ohsawa, sondern findet sich auch, zum anderen, in der
Arzneimittelsammlung des Li Shih-Chen Ende des 16.
Jahrhunderts als Mittel gegen Magen- und Darmkrank-
heiten und in den Diätselbstversuchen des dänischen
Ernährungsforschers Hindhede. Vergleichbare Kontro-
versen betreffen das (überwiegend positiv gewertete)
Getreide, das Salz, den Kohl wie eine Reihe von anderen
Gemüsearten, auch das Fleisch (und hier wiederum nach
Tierarten ausgiebig differenziert). Hier müßte im Verlauf
der weiteren Untersuchung auf jene historischen, regionalen, ideologischen und quantitativ-qualitativen
Momente eingegangen werden, die mit jenen Ausdifferenzierungen zu tun haben könnten. Auf die letzteren
Momente will ich schon hier in der gebotenen Kürze ein-
gehen:
    Wenn der Konsum von Nahrungsmitteln und die Natur-
heilkunde der Tendenz nach identisch sind (eine Hypothese, die in einem großen Teil der von mir herangezoge-

nen einschlägigen Literatur bestätigt wird), so ist auf die Nebenwirkungen der Nahrungsmittel ebenso einzugehen, wie dies in einer verantwortlichen pharmakologischen Literatur hinsichtlich der Nebenwirkungen anderer Substanzen mit dem Anspruch von Heilmitteln der Fall sein müßte. Die Heilwirkung der Karotte wird immer wieder hervorgehoben – es sind Fälle von Karottenvergiftung bekannt geworden. Ohsawa hat auf die Heilwirkung des Reisfastens wiederholt hingewiesen – dennoch beging er 1966 Suizid, indem er längere Zeit ausschließlich Reis zu sich nahm. Eine Überdosis von Zwiebeln kann, Tannahill zufolge, Anämie, eine Überdosis von Spinat und Rhabarber Nierensteine, eine Überdosis von Kohl Verdauungsstörungen und Kropf hervorrufen.

Dieses Verhältnis von Menge und Qualität der meisten Speisen ist meines Erachtens jenes Moment, das meine fragmentarischen strukturellen naturheilkundlichen Erörterungen wiederum mit der europäischen Ethnologie/Kulturanthropologie zusammenführt. Da, um die ostasiatische Metapher des Gleichgewichts erneut zu strapazieren, Speisen durch ihre Kombination, durch ihre Bereitungsweise, durch ihre Abstimmung mit Gewürzen »yinisiert« oder »yangisiert« werden, wird so das heilende Gleichgewicht (wieder-)hergestellt, auch wenn es in der ursprünglichen Speise nicht vorhanden gewesen sein sollte. Und hierfür gibt es quer durch die Geschichte und quer durch die Welt reichhaltige Belege – und dies gerade bei Ethnien, die von ostasiatischer Gleichgewichtsdialektik keine Ahnung gehabt haben können. Vielmehr dürfte es sich hier um eine Erfahrungsgastronomie/Erfahrungsheilkunde gehandelt haben, die Römer, Inder, Alpenbewohner und Angehörige botswanischer Stämme gleichermaßen dazu gebracht hat, Hauptnahrung aus Getreide mit eiweißhaltigen Hülsenfrüchten zu ergänzen, wozu noch, wenn möglich, eine Zuspeise aus Gemüse, Obst und/oder Fleisch bzw. Milchprodukten kam. Ähnliche Gesichtspunkte können beispielsweise geltend gemacht werden:
- für die Neutralisierung verdauungsfördernder Gewürze;

– für die Neutralisierung von Fleischspeisen in Eintöpfen durch Gemüse und Früchte mit entgegengesetzten (realen oder zugeschriebenen) Eigenschaften;
– für den ergänzenden Stellenwert gesäuerter (oder auch vergorener) Gemüse, Früchte oder Milchprodukte.

Hier wäre meine Arbeitshypothese, daß ein großer Teil des in den vorigen Jahrhunderten zusammengetragenen ethnographischen Materials über Nahrungsmittelherstellung unter diesem Gesichtspunkt weitertreibend zu interpretieren wäre. Besonderes Interesse käme hierbei selbstredend den Differenzen und Brüchen zu: Jenen Kochrezepten jener Ethnien etwa, die in die vorliegende Arbeitshypothese überhaupt nicht hineinpassen würden.

Ich bin, dies zur Erinnerung, bei der Andeutung der sozioökonomischen Lage in den letzten beiden Jahrhunderten, von einer weitgehenden Identität von Essen und Heilung/Gesundheit in Teilen der alternativen Darstellung ausgegangen und will dies in weiteren Beispielen kurz belegen, die mit der ostasiatisch-makrobiotischen Metapher nichts zu tun haben – schon um nicht der gegenstandsbezogenen Monomanie bezichtigt zu werden. Dabei will ich es mir nicht zu einfach machen und deshalb drei relativ extreme Beispiele bringen:

Konrad Kölbls Kräuterfibel, 1983 in der 20. Auflage erschienen, wie der bereits erwähnte Li Shih-Chen ein Kompendium von Dutzenden historischen Kräuterbüchern, ist an diätetischen Fragen nur begrenzt interessiert: Von ihren 500 Seiten handeln vielleicht sechs über Diätetik, und auch die sind eher unbalancierte kohlenhydratgegnerische Fleischdiäten nach der Mode der sechziger Jahre. Dennoch finden sich in ihrem Verzeichnis der heilwirkenden Kräuter 4 Getreidearten, 19 Obstarten, 20 Gemüsearten und 25 eindeutige Küchenkräuter sowie die altehrwürdige Fleischbouillon. Bei der Beschreibung der Krankheiten und der diesen angemessenen Heilkuren folgen noch die bislang fehlenden Fische und Milchprodukte wie auch weitere Getreide, Früchte und Gemüse.

Genau umgekehrt bei Maurice Méssegués Buch »Die Natur hat immer recht«, welches nach demselben Matrizenprinzip Nahrungsmittel/Krankheiten aufgebaut ist. Er scheint eher an allem desinteressiert, was nicht unmittelbar in die Küche gehört: » Eigentlich sollte in den Apotheken Gemüse verkauft werden.« Oder: »...daß die Suppenschüssel auf dem Familientisch allen Medikamenten dieser Erde ebenbürtig ist. Sie ist die Quelle der Gesundheit.« Auch seine Mini-Enzyklopädie aus der Sicht der Gascogne (Méssegué wird nicht müde, dies zu betonen) umfaßt wenigstens 20 Gemüsearten, 11 Obstarten und 13 eindeutige Küchenkräuter; einige Fleisch-, Getreide- und Milchproduktarten folgen noch später wie auch Honig und Tee.

Schließlich ließe sich die Homöopathie (ich folge hier der Darstellung Clemens von Bönninghausens) der Begriffverwendung von Theodor Adorno, Max Horkheimer und Ulrich Sonnemann sehr frei folgend, als »Negative Diätetik« bezeichnen. Die Homöopathie verspricht sich bekanntlich nichts von einer richtigen Nahrung zur Wiederherstellung von Gesundheit, tritt vielmehr für eine reine Anwendung des nach homöopathischen Grundsätzen gewonnenen Arzneiprinzips ein. Um so eindrucksvoller ist ihre Bestätigung obiger Hypothese gerade durch ihre Ablehnung medizinisch intendierten Handelns: Die homöopathische Diätetik verschafft keine Gesundheit – entsprechend muß alles entfernt werden, was nur irgend arzneilich wirken kann. Arzneilich wirken können aber nach homöopathischer Auffassung alle Gewürze, alle Gemüse, Kaffee, Tee, alle alkoholischen Getränke, ein großer Teil der Milchprodukte, ein Teil der Fisch- und Fleischarten, Eier, Honig und ein Teil der Früchte, weswegen sie von der homöopatischen Diätetik für die Dauer der homöopathischen Behandlung verboten werden.

Nachdem ich solcherart versucht habe, wenn auch im Schweinsgalopp, meine Hypothese plausibel zu machen, will ich im letzten Schritt bestrebt sein, jene Synthese aus der gesamtgesellschaftlichen Entwicklung der auseinandertreibend-monopolistischen Weltmarktküche, industrialisierter Medizin und der subkulturellen Wiederherstellung der Einheit von Nahrung und Heilung der Form nach zu bilden, aus der sich ihr Kontext sozialer Innovationen, die den Erkenntnisstand (und vor allem die zukünftigen Erkenntnis- und Praxismöglichkeiten) der Gesundheitsbewegung auszubauen erlauben, auch letztere nur eine in teilkulturellen Inseln verbleibende Episode, darstellen würde, wie es zeitweilig bei den Anhänger/inne/n Kneipps oder der Lebensreformbewegung der Fall war. Dabei ist mir bewußt, daß diese, selbstredend hierin nur exemplarisch zu führende, Erörterung folgenreich für die Diskussion des Selbsverständnisses von Volkskunde/europäischer Ethnologie/Kulturanthropologie/Subkulturforschung sowie für die daraus folgende Berufsfelddiskussion sein könnte.

Es kann nun in der Eile nicht meine Aufgabe sein, gleichsam eine Zukunftswerkstatt mit mir selbst durchzuführen (wiewohl ich für eine zukunftsorientierte Kulturanthropologie die Zukunftswerkstatt eine vortreffliche, neu hinzuzufügende Methode halte) und die Totalität jener sozialen Innovationen, die sich aus der subkulturell intendierten Einheit von Nahrung und Heilung ergäben, auszuführen. Unsystematisch angedeutet, denke ich beispielsweise an:

- symptomübergreifende Selbsthilfegruppen, die sich auf dieser Basis zusammenfinden;
- Anreicherung von bereits bestehenden Gesundheitsläden mit gastronomischen Aktivitäten im Sinne einer Gleichgewichtsküche;
- alternative Forschungs- und Ausbildungseinrichtungen mit Schwerpunkten in Verbindung von Nahrung und Naturheilkunde;
- naturheilkundliche Bildungsnetzwerke im Sinne der Ivan Illichschen Entschulungsdiskussion;
- im Falle eines Wiederaufgreifens der Volksküchen eine rechtzeitige und grundlegende Integration naturheilkundlicher Überlegungen;
- undogmatische Mischungen aus Kochbuch und Ethnographie.

Ich bin mir, wie gesagt, dessen bewußt, daß diese kleine Liste weder mehr ist als die Andeutung der Richtung meines Denkens noch den Anspruch auf grundlegende soziale Innovation erheben kann. Doch nehme ich an, daß auch schon diese wenigen Bemerkungen veranschaulichen können, wie ich diesen Aspekt europäischer Ethnologie verstehe. Dabei versteht sich diese Überlegung auch insofern als exemplarisch, als sie unschwer auf die ideellen und materiellen Objektivationen so gut wie aller Bereiche des Alltagslebens ausgedehnt werden könnte, sei es etwa auf das Wohnen der Zukunft oder auf neue Feste.

Sogleich von der Hand gewiesen werden kann der Verdacht, es würde sich um eine undurchführbare Utopie handeln. Zwar liegt die Annahme nahe, eine solche oder ähnliche Abfolge sozialer Innovationen werde die (ohnehin schon bestehenden) Konflikte zwischen organisierter Ärzteschaft wie anderen Gliedern des medizinisch-industriellen Komplexes verstärken, doch gibt es auch Indikatoren in entgegengesetzter Richtung. Wallnöfer zufolge wenden 60 Prozent der Ärzte zumindest gelegentlich erfahrungsheilkundliche Verfahren an. Nach Angabe der Weltgesundheitsorganisation (WHO) werden, die Vorsorge nicht mitgerechnet, 80 Prozent der Krankheiten im Vorfeld ärztlicher Konsultation geheilt, sei es durch Selbstmedikation, Familien- oder Nachbarschaftshilfe, häufig ebenfalls auf erfahrungsheilkundliche Weise. Auf dieser Ebene bewegen sich auch die Vorschläge der WHO, soweit sie sich auf einen verstärkten Ausbau von Selbsthilfegruppen beziehen: Beispielweise erwähne ich aus dem Umfeld der europäischen Regionalorganisationen die Bluthochdruckselbsthilfegruppen in Kroatien (25 Klubs mit ungefähr 1000 aktiven Mitgliedern), die Gesundheitsklubnetzwerke in Südungarn (vor allem in Pécs und Baranya) und die Bluthochdruckselbsthilfegruppen in Utrecht in den Niederlanden.

Stuart Conger hat um 1970 soziale Erfindungen als neue Gesetze, Organisationen oder Vorgehensweisen, durch die das Verhältnis der Menschen zu sich selbst und untereinander verändert wird, definiert. Serge Moscovici zufolge gibt es zu Beginn einer Innovation stets eine kleine Gruppe, eine aktive Minderheit – selbst wenn sie auf

Bedürfnisse der Mehrheit Antwort geben kann. Robert Jungk und Norbert Müllert wiesen darauf hin, daß die Bedeutung der sozialen Weiterentwicklung der bestehenden Gesamtgesellschaften nicht erkannt und damit die mögliche Rolle sozialer Innovationen bei ihrer Verbesserung unterschätzt worden ist. Die Rolle soziales Innovationen ist allerdings meines Erachtens einfacher in Paradigmen zu bestimmen, die von der Möglichkeit eines linearen Fortschritts ausgehen. Daß diese geschichtliche Wirklichkeit als komplexer angesehen wird, daß von einer Dialektik von Tradition und Innovation auszugehen ist, verbindet die europäische Ethnologie mit dem zeitgenössischen alternativen Bewegungen.

Wenn Leopold Schmidt Volkskunde als Wissenschaft vom Leben in überlieferten Ordnungen bestimmt hat, wäre es bloß ein mechanische Negation, europäische Ethnologie/Kulturanthropologie als Wissenschaft vom Leben in sich verändernden Ordnungen zu definieren. Auf unseren Gegenstand bezogen, erweist sich die Dialektik gerade darin, daß nicht unwesentliche Momente der Innovation gerade darin bestehen, traditionelle Verhaltensweisen in gastronomischer und naturheilkundlicher Hinsicht wiederherzustellen, die zu anderen Zeiten und an anderen Orten praktisch geworden waren. In diesem, aber nur in diesem Sinne ist das Diktum des jüngst verstorbenen Grazer Volkskundlers Hanns Koren zu radikalisieren, daß Tradition gleichzeitig Hilfe und Hemmnis ist, daß das Beharren auf ihr unabhängig vom Wahrheitsgehalt ebenso verhängnisvoll ist, wie der Verzicht auf eine Wahrheit sinnlos, weil sie uns im Kleid der Tradition begegne. Freilich muß vor einer vorschnellen bloßen Feier des Vergangenen gewarnt werden; nicht nur, weil die Volkskunde ihrerseits lange genug auf diesem unabhängig vom Wahrheitsgehalt zu beharren geneigt war, sondern auch, um nicht bei jenem fraglos sympathischen Phantasma eines neusteinzeitlichen Paradieses zu verbleiben, wie es mit unterschiedlichen Akzentsetzungen Marshall Sahlins, Ernest Borneman oder Paul Goodman an ihre imaginäre Höhlenwand gemalt haben: ein ideelles Gesamtvolk (präziser: ein idealer Gesamtstamm), wo optimale Versorgung bei geringer Arbeitszeit erfolgt ist, wo keine sexuelle Unterdrückung bestanden hat, wo das Wünschen noch geholfen hat, wo Hans-Peter Duerrs Hexen fliegen konnten, und wo eben auch Rolf Schwendters Einheit von Nahrung und Naturheilkunde bestanden hat. Gleichzeitig betrifft, mit derselben Metapher, die Warnung auch jede andere Richtung, die Innovation vor allem als Anpassung an den Vollzug technologischer Innovationen versteht, und, wie es im Kampf um bzw. gegen die Atomkraftwerke ja wörtlich geschehen ist, reflektierenden Kritikern solcher Entwicklung das Streben nach der »Steinzeit« unterstellt. Unseren Gegenstand betreffend, würde dies bedeuten, über soziale Innovationen nur noch als Nachvollzug der Nahrungsmittelindustrie und des medizinisch-industriellen Komplexes nachzudenken – vielleicht noch als Vorarbeit zur Werbung von McDonalds oder Hoechst, um die seinerzeit geäußerten Überlegungen des Kollegen Riedel passend zu verlängern.

Wenn Roland Narr die Volkskunde als kritische Sozialwissenschaft zu Recht in der Gleichzeitigkeit der Vorwegnahme einer »gelungenen Gesellschaft« und in der Diagnose der antagonistischen Gesellschaft gesehen hat, ist dies nur möglich, wenn der Gegenstand im Detail angeeignet wird, bis ein Netz, wie oben skizziert, von Wünschen, Möglichkeiten, Objektivationen und Kritiken entstanden ist. Wenn die soziale Innovation oft genug im Abweichen, im Divergenten, im geschichtlich Überholten, im Gewünschten, im Verworfenen und Beiseitegeschaufelten gefunden wird, ist damit, dies haben Rudolf Schenda unter Bezug auf Matthias Zender und Ina-Maria Greverus unter Bezug auf Herbert Gans, Stanley Diamond und mich selbst konstatiert, die Kritik der je eigenen Gesamtgesellschaft verbunden. »Die Beziehung zwischen Subkulturen und der Gesamtkultur, zwischen Teilsystemen und dem Gesamtsystem der Gesellschaft gehört zu den zentralen Fragestellungen des Faches, da die Antwort auf diese Fragen über die Chancen der Veränderung der Gesellschaft entscheidet« (Hermann Bausinger).

Da, je nach Zusammenstellung und Jahreszeit, jede Speise Heilwirkungen (und Giftwirkungen) entfalten kann, will ich mich an dieser Stelle mit Rezepten zurückhalten. Nur weniges sei hier exemplarisch benannt:

REZEPTE

Hühnersuppe nach Art der Hildegard von Bingen: In Wasser ein Suppenhuhn kalt aufsetzen, mit Estragon und Galgantpulver würzen, viel Obers (die halbe Flüssigkeitsmenge) hinzufügen, vorgekochte geschälte Kastanien dann einkochen, salzen.

In dieser Reihenfolge entspräche die Hühnersuppe auch der chinesischen Heilküche der fünf Elemente: Wasser (Wasser) – Huhn (Holz) – Estragon (Holz) – Galgant (Feuer) – Obers (Erde) -Kastanien (Metall) – Salz (Wasser). Definitionsversuche dieser Art könnten mit einer Reihe von im vorliegenden Band dargestellten Rezepten unternommen werden.

Hühnersalat nach Art der Hildegard von Bingen: Das gekochte Huhn würfelig schneiden, mit vorgekochten Kastanien, Würfeln von Zeller und Ananas sowie einer frischgemachten Mayonnaise vermischen.

Bouillon zur chinesischen »Holz-Kur« (Frühling): Geflügel (Huhn) mit Grünkern oder Dinkel und Kräutern mehrere Stunden auskochen.

Bouillon zur chinesischen »Erde-Kur« (viermal 18 Tage im Jahr, besonders im Hochsommer): Rindfleisch mit Hirse, Pilzen, Karotten und Dessertwein mehrere Stunden auskochen.

Rascha
Grüne

11. Fragmente für eine Synthese

In unserem eiligen Durchlauf durch die hegemoniale Tendenz zur vereinheitlicht-industrialisierten Weltmarktstrukturküche und ihrer bestimmten Negationen, als die wir eine undogmatische Makrobiotik, eine ihres elitären Nimbus entkleidete »Nouvelle Cuisine« und eine restituierte Regionalküche diskutierten, sind wir bis an ihr äußerstes Gegenteil, die nur noch real-utopisch zu begreifende Wiederherstellung der Einheit von Kochen und Heilen, gelangt.

Das Schöne an der Gastrosophie (das gleichzeitig zum berühmten Wort von Herbert Marcuse geführt hat, die Kunst der Bereitung sei keinesfalls systemüberwindend – was im übrigen auch für alle anderen Künste gilt) besteht nun in der Möglichkeit einer ziemlich unmittelbaren Theorie-Praxis-Verbindung. Sollten wir die Zeit dafür erübrigen können (auch ich kann dies relativ selten), können wir uns an Tisch und Herd stellen und kochen – ohne lange Zeit mit tausend anderen das Wechselverhältnis von Reform und Revolution, von Fundamentalismus und Realpolitik ausdiskutieren zu müssen. Also kann die Synthese beginnen – und dies, selbstredend, fragmentarisch.

Denn keineswegs will ich die gesamtgesellschaftlichen Umstände verleugnen, die dem entgegenstehen: Jahrhundert(e)lang werden wir, die wir gut und gesund essen wollen, gegen den Strom der sich strukturalisierenden Weltmarktküche schwimmen müssen: die Kosten-Nutzen-Rechner werden auch noch das Bruckfleisch oder die Hühnersuppe Hildegard von Bingens tiefgefrieren, wenn es sich rentiert. Ebensolches gilt für die Mühen immer neuer Gleichgewichtsherstellungen gegen von außen kommende, gesellschaftlich produzierte Verheerungen (etwa für die Miso-Küche, der nachgesagt wird, gegen das Tschernobyler Caesium im Rückenmark wirksam werden zu können). Und, selbstredend, ist die Küche weiterhin in ihrer Qualität und ihrer Quantität eine Klassenströmungsfrage: ein Arbeitsplatz mehr oder weniger entscheidet, ob Aldi oder Reformhaus, ob McDonalds oder Beisel. (Zwar habe ich nachgewiesen, siehe auch im Folgekapitel, daß gehobene Küche erstaunlich preisgünstig sein kann, aber dies setzt dann schon eine relativ effiziente Absprache der Vergesellschaftung voraus.) Gleichwohl erstaunt es mich immer wieder, daß unter der Vielzahl zeitgenössischer Projekte (die ja angetreten sind, um im Alltagsleben bestimmte Negationen vorherrschender Gebrauchswerte durchzusetzen) sich relativ wenige kleine Genossenschaften gehobener Gastronomie befinden. Daß es geht, daß sowohl ein Markt als auch eine Neigung hierfür besteht, haben die wenigen bewiesen, deren Kollektiven eine gute Küche keineswegs zum Schaden gereichte: das Café Ruffini in München und (zeitweilig) das ASH-Café in Oberursel. Mit dem Bedarf, der in anderen Städten hierfür bestünde, könnten bequem 2000 alternative Arbeitsplätze geschaffen werden.

Dennoch gibt es sie immer wieder, die Fragmente für eine Synthese. Nicht nur habe ich in meiner eigenen Praxis immer wieder erfahren, Gerichte nachgekocht, kombiniert oder erfunden zu haben, die zum einen keinesfalls der Weltmarktstrukturküche entsprachen und zum anderen auch der Regionalküche, der Nouvelle Cuisine, der Makrobiotik sich nicht umstandslos zuordnen ließen. Sondern ich habe immer wieder auch bei Freund/inn/en, bei gemeinsamen Mählern, gelegentlich sogar in Gaststätten solche Speisen geschmeckt. Auch bei den Arbeiten am vorliegenden Band habe ich eine Reihe von Rezepten immer wieder hinausgeschoben, weil ich sie in keinem der Vorkapitel ohne weiteres illustrierend beiordnen konnte – also folgen sie jetzt hier.

Meine durchgehende Unsystematik auch an dieser Stelle aufrechterhaltend, beginne ich mit den Salaten:

Paprikasalat: Grüne Paprika in schmale Streifen schneiden, Tomatenscheiben hinzufügen, mit Petersilie, Salz, Pfeffer, Essig und Öl würzen.

Fisolensalat: Mit vorgekochten Fisolen (al dente) und gehackten Zwiebeln nach demselben Prinzip verfahren. Oder. mit Öl, Kapern und Knoblauch.

Champignonsalat: Ebenso.

Apfelsalat: Geriebene oder in feine Scheiben geschnittene Äpfel in Zitronensaft marinieren, geriebenen schwarzen Rettich und geriebene oder gehackte Nüsse hinzufügen, mit Mayonnaise binden, mit Senf und Salz abschmecken.

Sauerkrautsalat: Sauerkraut mit Zwiebel, Essig und Öl anmachen, eventuell Essig oder Kren hinzufügen.

Bretonischer Salat: Weiße Bohnen (vorgekochte) mit Tomaten- und Zwiebelscheiben in Essig und Öl marinieren.

Spinatsalat: Rohen(!) Spinat waschen, abtupfen, mit Essig und Öl und gehackten Zwiebeln marinieren.

Variante: Letzteres mit Joghurt (oder Kefir), Dill und Petersilie tun.

Variante: Radieschen in Scheiben, Essig, Öl, Salz.

Bohnensalat-Platte: Weiße Bohnen vorkochen. Die gekochten Bohnen aufteilen. Einen Teil mit Essig und Sambal mischen, einen weiteren mit Joghurt oder Rahm und einer Curry-Mischung, den dritten mit gehackten Zwiebeln, Essig, Öl und Vogerlsalat, den letzten Teil mit Tomatenmark, das durch Kräuter aromatisiert wurde. Mit viel Brot oder Semmeln zu Tisch geben.

Variante: Bohnen in Bouillon oder Wein einweichen und vorkochen.

(frei nach Theodor Böttiger, Lilo Audreden, Eugenie Erlewein, Salcia Landmann, Wolf Neuber, Marianne Piepenstock, Elisabeth Schandl, Hannes Schoeller, Bernd Neuner-Duttenhöfer)

Ein besonders interessantes Kapitel alternativer Gastronomie stellen die illustrierten Salate dar. Die Möglichkeiten kreativen Handelns im Sinne einer Kombination, ja einer Synthese, von makrobiotischer Grundstruktur, traditioneller Regionalküche und Nouvelle Cuisine scheinen schier unerschöpflich zu sein. Makrobiotisch gesprochen, wird hier das der Yang-Sphäre zugeordnete Fleisch (Rind, Huhn, Fisch, Schinken...) durch Zerkleinern wie durch die Zugabe von Essig (oder Joghurt, Kefir, Fruchtsaft...) wie von Gemüsen und Gewürzen »yinisiert«. Auf dieser Grundlage basieren schon naturwüchsig die illustrierten Salate der Regionalküche, und dies so gut wie weltweit. Die mögliche Variierung der Mengenverhältnisse und der Dauer des Marinierens (im Jargon gesprochen: des Einwirkens der Yin-Faktoren auf das Yang-Kochgut) tun ein übriges, um den genannten Effekt zu verstärken.

In diesem Sinne:

Rindfleischsalat: Meine eigene Lieblingsversion, die ich vor einem Jahrzehnt ziemlich häufig kochte, hieß »Proletarier aller Länder vereinigt euch«. Sie besteht aus in Scheiben geschnittenem gekochten Rindfleisch, vorgekochten bunten Bohnen, gewürfelten harten Eiern, in gröberen Scheiben geschnittenen Salzgurken und Zwiebeln sowie einigen Kapern. Die Marinade besteht aus Tomatenmark, Sambal, Essig, Estragon, Dill oder Schnittlauch. Sie wird gut durchgemischt und über das vorgenannte Kochgut gegossen. Je länger sie auf das Kochgut, unter gelegentlichem Wenden, einwirkt, um so besser. Wenn das gekochte Rindfleisch sehr mager ist (was in der Praxis indes selten vorkommt), kann der Marinade auch (ein eher geschmacksneutrales) Öl hinzugefügt werden.

Varianten:

1. Rindfleisch, Zeller, rote Rüben, harte Eier – Öl, Essig (oder Zitronensaft), frische Kräuter, Salz, Pfeffer, Knoblauch.

2. Rindfleisch, harte Eier, Tomaten, Zwiebeln – Schnittlauch, Salatsauce.

3. Dasselbe mit geschnittenen Paprikaschoten – dasselbe mit Paprikamark.

4. Rindfleisch, Salzgurken – Mayonnaise, Senf, Salz, Pfeffer.

5. Rindfleisch, Zwiebel, Salzgurke, Tomaten, harte Eier, gekochte Kartoffeln (in Scheiben oder Würfeln) – Weinessig, Öl, Senf, Petersilie.

6. Rindfleisch, Apfel, Zwiebel – Rahm, Essig, süßer Senf (Weißwurstsenf, Kremser Senf), Schnittlauch, Öl, Salz, Pfeffer.

(frei nach Theodor Böttiger, Moderne Küche, Marianne Piepenstock, Elisabeth Schandl, Katharina Prato)

Hühnersalat: Reste gekochten und gebratenen Huhns feinschneiden, mit vorgekochten Spargelstücken, Champignonscheiben, grünen Olivenstücken vermischen. In einer Marinade aus Mayonnaise, frisch gepreßtem Orangensaft, Salz und weißem Pfeffer ziehen lassen.

Varianten:

1. Huhn, Salatgurke, gehackte Eier, Walnüsse – Mayonnaise, Worcestersauce.

2. Huhn, Artischockenherzen oder -böden, Äpfel, Spargelstücke – Mayonnaise, Essig, Öl, Salz, Pfeffer.

3. Huhn, Zunge, Champignons – Mayonnaise, Worcestersauce.

4. Huhn, Walnußkerne, gehackte Zwiebel, Walnußöl, in Hühnerbouillon eingeweichte, sodann pürierte Semmel, Salz, Pfeffer, Paprika, Zitronensaft.

5. Huhn, Krabben, Zeller, Erbsen, Kopfsalat – in Sherry und Cognac marinierte Weißbrotscheiben.

6. Cognacmayonnaise.

7. Huhn, Champignons, Zeller, Zunge, Spargelstücke, Mayonnaise, Tomatenmark.

(frei nach Theodor Böttiger, Manuel Gasser, Martin Ledermann, »Moderne Küche«, Sigrid Press, Marianne Piepenstock)

Krabbensalat: Krabben, in Scheiben geschnittene Champignons, Spargelspitzen, Eischeiben und (wenige) gefüllte Oliven mit einer Mrinade aus Mayonnaise, Rahm oder Crème fraîche, Tomatensaft und Worcestersauce versehen.

Varianten:

1. Krabben, harte Eier, Kresse, Crème fraîche, Dill, Senf.

2. Krabben, Crème fraîche, Pernod, Pistazienkerne.

Heringsalat: Filetierte Salzheringe oder gesäuerte eingelegte Heringe mit Zwiebeln, Äpfeln (beides in feine Scheiben geschnitten) und Kapern gut vermischen und mit einer Marinade aus der passierten Milch oder dem passierten Rogen der Heringe, sauren Rahm oder Crème fraîche, Öl und Kräutern versehen.

Varianten:

1. Gewürfelte vorgekochte rote Rüben hinzufügen.

2. Hering, Zwiebel, harte Eier, Apfel, Salzgurke, vorgekochte Kartoffelscheiben – Mayonnaise, Salz, Pfeffer.

3. Hering, Kartoffelscheiben, rote Rüben, Apfel, Zwiebel, Salzgurke, Eier – Essig, Öl, Salz, Pfeffer.

4. Hering, grüne und rote Paprikaschoten, Zwiebel, Apfel, Eier – Essig, Öl, Salz, Mayonnaise Pfeffer.

5. mit Kapern und Kren variieren.

6. die Variante der Wiener Hausfrauen (aus der Zeit, in der es noch keine Hausmänner gab) zum Heringsschmaus am Aschermittwoch, der in der Bundesrepublik ziemlich unüblich zu sein scheint: Heringe, vorgekochte weiße Bohnen, Zwiebeln, eventuell eine Salzgurke – Essig, Öl, Pfeffer.

7. Hering, Zeller, Kartoffeln, Apfel, Zwiebel – Mayonnaise

8. Apfel durch Karotte und Salzgurke ersetzen.

9. Mayonnaise durch Heringsmilch ergänzen.

10. Weinessig, Öl, Senf, Salz, Pfeffer; mit in Scheiben geschnittenen Oliven garnieren.

11. Kresse hinzufügen.

(frei nach Theodor Böttiger, Oetker-Kochbüchern, Marianne Piepenstock, Sigrid Press, Elisabeth Schandl, Lilo Aureden, Katharina Prato)

Räucherfischsalat: Den Räucherfisch (Schillerlocken,

Aal, Bückling) in kleine Teile zerteilen, nachdem er entgrätet wurde, mit gefüllten Oliven und Paprikastreifen vermengen, mit einer Marinade aus Crème fraîche, Dill und Kresse versehen.

Varianten:

1. Räucherfisch – Estragonmayonnaise.
2. Räucherfisch, Apfel – Mayonnaise, Schlagobers, Dill. (Marianne Piepenstock empfiehlt, diese Mischung in Tomaten zu füllen)
3. Räucherfisch auf Eiersalat (harte Eier, Rahm, Kapern, Petersilie, Zwiebeln, Senf) geben.

(frei nach Eugenie Erlewein, Oetker, Marianne Piepenstock)

Alltagssalate: Mein bevorzugtes Ottahringer Abendessen besteht darin, ein nahezu beliebiges eiweißhaltiges Kochgut in Scheiben, Streifen oder Würfel zu schneiden, mit Zwiebelscheiben, Essig und Öl zu versehen (gesalzen ist das Grundmaterial meistens genug) und mit viel Brot zu essen, bis ich satt bin. Wenn ich Reste davon habe, können auch rohe oder eingelegte Pfefferoni, Salzgurken, Kapern, Kren, Knoblauch, Tomaten, Paprikastreifen hinzugefügt werden.

Dafür eignen sich beispielsweise:
- gekochtes Rindfleisch
- gekochter Kalbskopf
- jede Art von Sulz (die Haussulz vom Fleischer ums Eck ebenso wie die selbstgemachte Schweinskopfsülze meiner Mutter)
- Ochsenmaul
- Preßwurst
- Blutwurst
- Zungenwurst
- Knackwurst
- Reste von gekochten Kutteln (jedenfalls empfiehlt dies Frau Erlewein auf Seite 186 der 20. Auflage ihres hauswirtschaftlichen Handbuches; ich selbst habe dies noch nicht ausprobiert)
- Quargeln/Harzer/Bodenfelder… (»Handkäs mit Musik«)

– Vegetarier mögen es meinetwegen mit Tofu ausprobieren, aber mein Ding wäre das mit Sicherheit nicht.

Wird eine (oder werden mehrere) der vorgenannten Wurst- oder Fleischarten nicht nur zusammen mit Zwiebeln und Salzgurken, sondern auch mit Würfeln eines schnittfähigen Käses in die Sauce Vinaigrette geschnitten, so entsteht daraus der **Lumpensalat.** Er verträgt ohne weiteres auch noch einen Spritzer Worcestersauce und/oder eine Prise Cayennepfeffer.

(Auf Quellenangaben verzichte ich hier, weil kein umfassenderes Kochbuch, das ich je in der Hand hatte, diese Alltagssalate an sich vorbeigehen läßt, und sei es unter der Rubrik »Resteverwertung«. Um so bedauerlicher, daß diese Speisekategorie in den durchschnittlichen Gaststätten entweder immer seltener wird, oder immer ekelerregender [vieles, was in der "BRD" unter »Wurstsalat« zum Verkaufe gelangt, ist nicht einmal richtig durchgesäuert, von Öl und von den Zwiebeln ganz zu schweigen, dafür schmeckt der Pfeffer vor], oder immer aufgemotzter. Gerne gestehe ich aber zu, in dieser Hinsicht besonders viel Thaddäus Troll zu verdanken – wenn sich auch die von ihm vorgeschlagene Form der Essigherstellung aus Essigessenz und Weinresten in meinem antialkoholischen Haushalt nicht gerade empfiehlt.)

Auf dieselbe schlichte Weise wird der alltägliche **Eiersalat** bereitet: Die Eierscheiben werden mit einer Vinaigrette übergossen, wenn irgend möglich, unter Hinzufügen von Kapern und/oder Kren. Hier wiederum gibt es jede Menge abweichender *Varianten,* zum Beispiel:

1. Eierscheiben – Mayonnaise, Salz, Pfeffer, Olivenöl, Tomatenmark, Schnittlauch.

2. Tomatenscheiben hinzufügen.

3. Cayennepfeffer, frische Kräuter (z.B. Dill, Zitronenmelisse), Dijonsenf.

4. statt Dijonsenf süßen Senf.

5. Kapern, Sardellen, Salzgurken, Zitrone, Mayonnaise.

(frei nach Theodor Böttiger, Bernd Neuner-Duttenhöfer, Marianne Piepenstock, Lilo Aureden)

Womit wir, nach diesem Schweinsgalopp durch die Grundlagen der illustrierten Salate, alltägliche oder festliche, uns zur nächst höheren Stufe der illustrierten Salate bewegen können. Wobei die Warnung gleich vorausgeschickt werden muß: es kann zwar alles mit allem gemischt werden, muß aber deshalb nicht unbedingt gut schmekken. Abgesehen schon von der römischen Küche des Apicius (in der es so gut wie nichts gibt, was nicht mit allem anderen kombiniert werden könnte), wird auch in den bürgerlichen Kochbüchern bei Erwähnung der illustrierten Salate überkombiniert. Ohnehin habe ich mich dafür entschieden, wenn in einem Rezept Fisch- und Fleischsorten gemeinsam auftauchen, sie zumeist voneinander zu trennen. Um Mißverständnisse zu vermeiden: fraglos gibt es einige Delikatessen, die auf einer Fisch-Fleisch-Kombination beruhen – die aber, wie die italienische Vorspeise Vitello Tonnato (Kalbfleisch mit Thunfischsauce), in einer Kombination je einer Art gründen, wohl aber kaum in einer Mischung, die beispielsweise aus 6 Fleischarten, 4 Fischarten und 5 Gemüsearten besteht.

Mit diesen Vorbehalten und Veränderungen also die REZEPTE.

Italienischer Salat:

1. Kartoffeln, Zeller, Karotten, Fisolen, Tomaten, Sardellen, Kapern, Oliven – Mayonnaise, Schnittlauch, Essig, Salz, Pfeffer, Senf.

2. Mehrere Fischarten (Heringe, Sardellen...), Pistazien, Pignoli, Kapern, gefüllte Oliven, Äpfel, Kartoffeln, harte Eier, Zeller – Essig, Öl, Salz, Pfeffer – mit Fleischaspik, Krabben, Dotter, Sardellen garnieren.

3. Streifen von gekochtem und gebratenem Fleisch, Erbsen, Karotten, Zeller, Karfiol, Apfel, roter Paprika, Salatgurke, Zwiebel, gefüllte Oliven – Mayonnaise, Salz, Pfeffer, Petersilie – mit Tomaten und gelben Paprika verzieren.

(frei nach Marianne Piepenstock, Johann Rottenhofer, Elisabeth Schandl, Katharina Prato)

Französischer Salat:
1. Zeller, Petersilienwurzel, Karotten, Karfiol, Kartoffeln (am besten Kipfler). Erbsen vorkochen, kleinwürflig schneiden,
gehackte Essiggurken/Cornichons hinzufügen – Mayonnaise, Aspik.
(frei nach Eugenie Erlenwein, Elisabeth Schandl)

Russischer Salat:
1. Schinkenstreifen, Kalbsbratenreste, Geflügelreste, Zunge, Champignons, Essiggurken, Kapern, gekochte Gemüse (Erbsen, Fisolen, Karotten, weiße Rüben, Kartoffeln) – Weinessig und Mayonnaise.
2. (s.o.) Inklusive Hummer und Sardellen.
3. Inklusive Trüffeln (nur der Vollständigkeit halber).
4. Mit Oliven, Krabben, Eiern, Aspik garnieren.
(frei nach Eugenie Erlewein)

Die logische, nicht unbedingt die gastronomische Vollendungsstufe stellt sodann der, ironisch gesagt, universelle Salat dar. In ihm ist schlechthin alles gemischt, wenngleich in getrennter Form. Zwei Rezepte (die ich nicht nachgekocht habe!) mögen dies veranschaulichen:

Der »**Mailänder Salat**« der Eugenie Erlewein besteht zunächst darin, daß Linsen, Bohnen, Zeller, Kartoffeln, jedes für sich, vorgekocht, sodann mit Essig und Öl angemacht und, wie auch angemachter Kopfsalat, in kleinen Häufchen auf eine große Schüssel plaziert werden. Die Zwischenräume zwischen den kleinen Häufchen werden mit Heringsstücken, Aalstücken, Eierscheiben, Perlzwiebeln, Sardinen, Sardellen, Oliven, Kapern, roten Rüben, Kaviar, Aspik aufgefüllt.

Schließlich ist ein vollends universeller Salat in Hannes Schoellers »Exotischer Küche« dokumentiert. Er heißt »Fiambre« und stellt, Schoeller zufolge, das Festmahl zu Allerheiligen in Guatemala dar. Grüne Erbsen, Karotten, Karfiol, kleine weiße Zwiebeln, Fisolen, Kartoffeln (in Würfeln), jedes für sich, in Salzwasser fast garkochen, abkühlen lassen, aus dem Kochwasser nehmen, abtropfen lassen, in einer großen Schüssel miteinander vermischen, mit Essig übergiessen und mehrere Tage einkühlen. 24

Stunden vor dem Festmahl wird diese Masse mit Streifen von Corned Beef, gekochter Zunge, Fleischwurst und Scheiben von Chorizos (in etwa: Pfefferoniwürste) angereichert, nochmals mit Essig übergossen, Salz, Pfeffer und Zucker (was ich bleiben lassen würde) gewürzt.

Große Fleischplatten werden mit Salatblättern belegt, in der Mitte werden kranzförmig und abwechselnd gekochtes Fleisch von der Hühnerbrust und Salamischeiben angeordnet. Die oben beschriebene Gemüse-Fleisch-Mischung wird in einen Tassenkopf gedrückt und auf die Salatblätter, in der Mitte zwischen die Fleischscheiben und am Rande der Platten gestürzt. Die daraus resultierenden Zwischenräume werden, wie auch beim Mailänder Salat, mit kleinen Häufchen aus gehackten süß-sauren Gurken, grünen Oliven und Sardinen aufgefüllt. Das Ganze wird mit Eierscheiben, Gervaisecken und eingelegten roten Paprikaschoten belegt und mit Kapern und Parmesan bestreut.

Kehren wir zu den einfachen illustrierten Salaten zurück:

Kartoffelsalat: Gekochte Kartoffelscheiben, rote Zwiebeln (gehackt), Scheiben gekochter Zunge – Mayonnaise, Kapern.

Variante: Rote Rüben hinzufügen, mit Aspik garnieren.

(frei nach Johann Rottenhofer)

Nudelsalat: Vollkornhörnchen, Scheiben gekochter Zunge (oder auch Streifen), geraffelter Zeller, gehackte harte Eier – Mayonnaise, Salz, Pfeffer.

Variante: Tomaten, Kresse hinzufügen, mit Curry würzen.

(frei nach Marianne Piepenstock)

Frühlingssalat (eigene Komposition aus dem Jahr 1979): Radieschen in Scheiben schneiden, mit Kapern, Kresse, Vogerlsalat, in Scheiben geschnittenen grünen Oliven vermischen, mit Vinaigrette anrichten.

Varianten: Hinzufügung von Karfiol, Spargel, Fisolen, Zeller, Karotten, gekochter Schinken, harten Eiern, Mayonnaise.

(frei nach Elisabeth Schandl)

Salat »Salz der Erde« (eigene Komposition aus den frühen achtziger Jahren): Vorgekochte braune oder schwarze Bohnen, in Streifen geschnittenen rohen Schinken (ich nahm damals Parma-Schinken), Kapern, schwarze Oliven, eine Salzgurke (Scheiben) gut mischen, mit einer Marinade aus Essig, Öl, Tamari Shoyu und eventuell Miso versehen.

Salade Nicoise: Salatblätter und grüne Pfefferoni in Streifen schneiden, ebenso eine gelbe oder rote Paprikaschote, Tomaten vierteln, Sardellenfilets mit Essig und Olivenöl zu einer Paste verrühren; Radieschen in Scheiben, Eier (harte) in Vierteln, schwarze Oliven hinzufügen.

(frei nach Marianne Piepenstock)

Variante: Fisolen, Kartoffelscheiben, Kerbel, Estragon, Kapern – für Dosenfreunde Thunfisch oder Hering.

(frei nach Raymond Oliver)

Krensalat: Karotte, Kohlrabi, Kren, Apfel (evtl. rote Rübe) reiben, mit Mayonnaise und eventuell Anispulver oder Koriander anmachen.

(frei nach Eduard Brecht)

Geflügelsalat auf Avocados: Gebratenes Huhn entbeinen, in Sherry marinieren, mit Mayonnaise, Zitronensaft, dem gewürfelten Fruchtfleisch der Avocados, Salz, weißen Pfeffer und Dill vermischen.

Soweit zu den Salaten, und ich setze gleich mit den Gemüsen fort. Daß eines meiner Lieblingsgemüse die Kastanie ist, dürfte aus dem Geschilderten bereits hervorgegangen sein, und im vegetarischen Teil wurde die Kastanie auch schon gebührend berücksichtigt. Jedoch sind nicht alle Kastaniengerichte vegetarisch:

Kastanien nach dem Schälen mit Zellerkraut, Suppengrün, Butter, Bouillon weich schmoren, eventuell im Mixer pürieren, salzen, mit Rahm glattrühren.

(frei nach Marianne Piepenstock)

Variante: Pürierte Kastanien mit magerem gewürfelten Speck, Salz, Pfeffer und Muskatnuß dünsten, damit den Kohl füllen, und im Backrohr mit Wasser und zerlassener Butter häufig begießen, bis alles weich ist.

(frei nach Maurice Méssegué).

Kastanienragout: Im Topf Butter oder Speck anbraten, Zwiebel, Knoblauch, Karotte, Nelke zerkleinert dazugeben, langsam gar werden lassen, mit Mehl überstäuben, Bouillon und Kastanien hinzufügen, ebenso Kräuter.

(frei nach Raymond Oliver)

Kastaniensalat: Die geschälten Kastanien in etwas Gemüsebrühe mit einem Stück Butter, Knoblauch und Muskatnuß fertigkochen, in Scheiben schneiden, mit dieser Gemüsebrühe, Öl, Essig, Zwiebel marinieren, mit Schnittlauch und Vogerlsalat anrichten.

(frei nach Eduard Brecht)

Kastanien in Wein: Wie oben schälen, mit Bouillon etc schmoren, pürieren, im Wein fertig kochen.

(frei nach Katharina Prato)

Variante: Mit Bouillon, Wein und Bratensaft.

(frei nach Eugenie Erlewein)

Kastaniensuppe: Die geschälten Kastanien mit Butter, Streifen rohen Schinkens, klein geschnittener Zwiebel, Nelken, Salz, und Rindfleisch sehr weich dämpfen, mit Bouillon verdünnen, mit gebratenem Huhn und Reis zu Tisch geben.

(frei nach Johann Rottenhofer)

Variante: Statt mit Bouillon mit dem Saft einer gebratenen Ente vermischen, und zu dieser geben.

Kastanienpüree: Mit Stangenzeller in Bouillon weichdünsten, pürieren, mit Butter und Obers fertigmachen.

(frei nach Marianne Piepenstock)

Den **Kohl** läßt Rumohr über einem Bett aus Schinken- und Rindschnitten mit wenig Bouillon einkochen. Das Sauerkraut gibt er mit Fastenspeisen (Fischen, Muscheln) und Breien aus Kartoffeln oder Hülsenfrüchten. Sauerkraut kann auch mit Marsala gekocht werden (Lilo Aureden), wie **weiße Bohnen** mit Sherry (Victoria Serra).

Auch zu den Tomaten gibt es eine Reihe kreativer

Ideen. Am liebsten ist mir, der ich mit den Tomaten ohnehin vorsichtig umgehe, die **Tomatensuppe auf Gascogner Art:**

Zwiebel und Karotte werden feingehackt, in Butter hell gedünstet, mit Mehl überstäubt. Dazu kommen die zerquetschten Tomaten, Salz, Pfeffer, Wasser. Brodeln lassen, durchpassieren, mit Bouillon aufgießen. Dazu kommt zum Abschluß ein Zwiebelpüree, in Streifen geschnittener Schinken und Champignons, die vorher gedünstet worden waren. Gut vermischen, aufkochen, servieren. (Zum Zwiebelpüree siehe unten die Sauce Soubise.)

Variante: Zum Abschluß statt Zwiebel etc. gekochten Reis und ein Stück Butter hinzufügen.

(frei nach Marianne Piepenstock)

Tomatensauce auf korsische Art: Zwiebel und Knoblauch in Öl andünsten, die zerquetschten Tomaten und auch noch einige Löffel Tomatenmark hinzufügen, gefolgt von Lorbeerblatt, Oregano, geriebener Zitronenschale, Kräutersalz (oder Kapern), Pfeffer und Weißwein. Lange kochen (bis zu 2 Stunden) und mit Worcestersauce abschmecken.

(frei nach Barbara Rütting)

Kaukasische Tomatensuppe: Tomaten mit Zwiebeln, zerdrückten Walnüssen, Koriander und Wasser kochen

(frei nach Eduard Brecht)

Spanische Tomatensauce: Tomaten in Salzwasser weichkochen, durchseihen, einem Topf, in welchem Knoblauch in heißem Olivenöl gebraten wurde, hinzufügen, Pfeffer, köcheln lassen, mit Butter und Petersilie abschließen.

(frei nach Victoria Serra)

Fassolia: Fisolen werden in Olivenöl mit Salz, Pfeffer, Knoblauch, Thymian und Lorbeerblatt gedünstet, wozu noch Tomatenmark kommt.

(frei nach Huguette Couffignal)

Ungarisches Bohnengemüse: Eingeweichte weiße Bohnen mit Schmalz, Schweinefleisch, Speck, Zwiebeln, Kartoffeln, Suppengrün kochen.

Ungarisches Rhabarbergemüse: Rhabarber in Öl dünsten, bis er zerfällt, mit Mehl und Rahm legieren.

(frei nach Kata Szander-Blechschmitt)

Kartoffelsuppe: Kartoffeln würfeln, Porree in Ringe schneiden, zusammen in Olivenöl dämpfen, mit Wasser aufgießen (oder auch mit Bouillon). Mit Kräutersalz, Thymian, Muskatblüte, Curry würzen, je eine Tasse Rahm und Sauerkrautsaft und einige Eßlöffel Öl unterrühren, vor dem Servieren mit Schnittlauch bestreuen.

(frei nach Eduard Brecht)

(Dieses Rezept war das erste, bei dem ich das – unendlich variierbare – Verfahren kennenlernte, ein Kochgut vor Abschluß mit Gemüsesäften anzureichern).

Soweit eine Gemüseauswahl; es ist mir klar, daß nunmehr das Fleisch folgen muß. Von den vegetarischen Kochbüchern abgesehen, macht dies in herkömmlichen Schriften meist die dicksten Kapitel aus, also nimmt es nicht wunder, wenn es hier nicht mehr darstellt als ein schlankes Fragment (zumal es ja, in seiner Erscheinungsform als Eintopf oder Produkt der Regionalküche, oft genug vorgekommen ist):

Fasan in der Brühe: Feingeschnittenes Wurzelwerk in wenig Fett leicht Farbe nehmen lassen, mit Wasser aufgießen, den Fasan einlegen, aufkochen lassen, mit wenig Shoyu (oder Salz), Pfefferkörnern und Kräutern nach Geschmack würzen sowie mit einem ordentlichen Schuß Dessertwein (Marsala, Malaga oder Sherry) – dann fertig kochen.

Pochiertes Rindfleisch: Das Pochieren ist eine echte Alternative zur yangisierenden Steakherumbraterei, wenn es schon (etwa beim mehrgängigen Menü) einen »klassischen« Fleischgang geben muß. Das Rindfleisch (Medaillon o.ä.) wird in die Kochflüssigkeit hineingelegt und unter einmaligem Wenden auf jeder Seite 3–5 Minuten lang pochiert (die Poren schließen sich ähnlich wie beim Braten). Als Kochflüssigkeit z.B. die Brühe des obigen Fasans nehmen, zweifingerbreit in eine Kasserolle geben, bis zum Siedepunkt erhitzen. Vor dem Auftragen mit einer dünnen Scheibe Gänseleber oder geräucherten

Gänsebrust garnieren (s.a. im »Nouvelle Cuisine«-Kapitel).

Fasansalat: (Fleischverwertung des Fasans in der Brühe): Fasan auslösen, auf vorgekochten, marinierten roten Linsen betten, mit feingeschnittenen kandierten Ingwerscheiben umlegen.

Tournedos Rossini: Rindsmedaillons von beiden Seiten in Öl rasch anbraten, mit einer Scheibe Gänseleber belegen, den Bratenfond mit Dessertwein loskochen und über die Fleischscheiben verteilen.

(frei nach Theodor Böttiger – dies war für mich gleichsam das »Ausgangsrezept« für die Innovation der pochierten Fleischscheiben)

Rindsrouladen: Rostbraten klopfen, mit Öl bestreichen, mit in Streifen geschnittenen Speckstücken und Essiggurken belegen, einrollen, mit Bindfaden umwickeln. In Öl oder Butter feingeschnittenes Wurzelwerk, Zwiebel anbraten, mit Salz, Piment, Lorbeerblatt, Kräutern würzen, die Rouladen Farbe annehmen lassen. Mit Bouillon oder Wasser übergießen, bis die Rouladen bedeckt sind, fertig dünsten.

(frei nach Elisabeth Schandl)

Varianten:

1. Zur Fülle feingehackte Sardellen, Zwiebelstücke, Petersilie hinzufügen.

2. Die Rostbraten vor dem Füllen mit Senf bestreichen.

3. Zur Fülle Knoblauch, Karotte (in Streifen), Kapern, zur Würze Pfeffer und Nelken nehmen.

4. Die Rouladen mit kochender Bouillon übergießen.

5. Die Sauce (evtl. an Stelle des Wurzelwerks) mit Tomatenmark, Rotwein, Zitronenscheibe, Rahm verfeinern.

(frei nach Lilo Aureden, Katharina Prato, Elisabeth Schandl)

Eszterházy-Rostbraten: Zwiebel und Karotte im heißen Fett leicht anrösten, eine Scheibe Rostbraten pro Person drauflegen, Salz, Pfeffer, zugedeckt dünsten lassen. Das Fleisch mit Bouillon und Weißwein bedecken, dünsten lassen, bis es gar ist. Die Sauce durch ein Sieb streichen, mit gehackten Kapern, Rahm und einer Julienne aus Karotten, Zeller und Petersilienwurzeln aufkochen, beim Servieren über das Fleisch verteilen.

(frei nach Károly Gundel und Marianne Piepenstock)
Varianten:
1. Mit Bouillon/Wein 1 Eßlöffel geriebenes Schwarzbrot hinzufügen.
2. Zur Sauce gehackte Sardellenfilets oder Zitronenscheiben geben.

Rindfleisch Stroganoff: Rindsfilets in Streifen schneiden, mit enthäuteten gewürfelten Tomaten und in Streifen geschnittener Gewürz- oder Salzgurke vorbereiten. Das Fleisch in Fett scharf anbraten, herausnehmen, warmstellen. Im Bratfett gehackte Zwiebeln, die Tomaten und Gurke mit etwas Senf andünsten. Mit Bouillon aufgießen und auf die Hälfte einkochen lassen; mit Crème Fraîche, Salz und Pfeffer komplettieren. In dieser Sauce das Fleisch durchziehen lassen, und mit gehackter Petersilie bestreuen.

(frei nach »Moderne Küche«)

Geschnetzeltes: Kalbfleisch in Streifen schneiden, in heißes Fett geben, mit Wasser, Rahm, Weißwein aufgießen, schmoren lassen, mit Mehl in Rahm binden, mit Schnittlauch, Petersilie, Kerbel würzen.

(frei nach »Moderne Küche«).

Schaf Immu: Schaffleischwürfel in Fett anbraten, mit 2 Glas Wasser kochen, mehrere Tassen Dickmilch einrühren, Salz, eindicken.

(frei nach Huguette Couffignal)

Schaf auf afghanische Art: Wie oben, statt der Dickmilch Tomaten, Minze, Rhabarber, Gewürze, Lauch, Zwiebel, Joghurt hinzufügen.

(frei nach Huguette Couffignal)

Lamm Vindaloo: Lammwürfel in Mischung aus Ingwer, Gelbwurz, Senfmehl, Cayennepfeffer, Essig marinieren; in geschmolzener Butter andünsten, gehackten Knoblauch, weiteren Essig, etwas Hühnerbouillon dazugeben, brodeln lassen, mit Kartoffeln und Tomaten weichkochen.

(frei nach Pearl S. Buck)

Schwein Vindaloo: Wie oben, nur besteht die Marinade aus Apfelessig, Worcestersauce, gehackten Zwiebeln und Knoblauch, selbst gemischtem Curry und Salz, die Würze aus Lorbeerblättern, und es kommt kein Gemüse rein.

(frei nach Syed Abdullah)

Svickova: In heißem Fett kleingeschnittene Zwiebeln, Suppengemüse, Lorbeerblatt, Pfeffer- und Pimentkörner, geriebene Zitronenschale, Thymian, gehackte Kapern kurz dünsten. Das gewaschene, gespickte und gesalzene Rindsfilet drauflegen und von allen Seiten anbraten. Essig, Madeira und Bouillon dazugießen und im geschlossenem Topf unter fleißigem Begießen garen. Den Bratensaft abseihen, mit Mehl und viel Rahm oder Crème fraîche legieren, durchkochen lassen. Die Sauce über den Braten gießen, kurz dünsten, mit Knödel, Zitronenscheibe, Preiselbeergelee zu Tisch geben.

(frei nach Theodor Böttger – und vielen Besuchen in den Frankfurter Gilde-Stuben)

Schinkenscheiben mit Madeira übergießen, dünsten, den Kochsaft mit Obers einkochen.

(frei nach Raymond Oliver)

Canard à l'orange (Ente in Orangensauce): Allen anderen Rezepten, die ich zu diesem Thema gelesen habe, ziehe ich das folgende von Raymond Oliver vor, welches ich deshalb zur Gänze wiedergebe:

Karotten, Zwiebel und Zeller kleinhacken, in Butter dünsten, hierin ein Teelöffel Mehl goldbraun braten, mit einem Glas Weißwein ablöschen, mit Wasser, Salz, Pfeffer, Tomaten, Entenklein, Entenmagen 1 1/2 Stunden kochen lassen.

Die Ente wird gewürzt, mit Butter eingepinselt und gerät auf einem Bett aus Zwiebeln und Karotten in den Backofen.

Von 2 Orangen und 1 Zitrone wird der Saft ausgepreßt, die Schalen feinnudlig geschnitten. In diesen Sud geraten noch die Scheiben von 4 Orangen und einer Zitrone.

15 dkg Würfelzucker wird trocken im Topf lichtgelb karamelisiert, mit einem halben Glas ausgezeichneten

Weinessig und dem oben gewonnenen Orangen/Zitronensaft abgelöscht. Diese Flüssigkeit wird auf die halbe Menge eingekocht und obige Entenkleinbouillon hinzugefügt.

Die verbliebenen Schalen werden blanchiert und kommen gleichfalls in die Sauce, wie auch 1 Teelöffel Stärkemehl, ein ordentlich großes Glas Curacao und ein Löffel Ribiselgelee. Zwischenzeitlich müßte die Ente fertig gebraten sein. Sie wird warmgestellt, die Bratpfanne entfettet, der Satz mit einem Glas Weißwein losgekocht. Wer mag, kann passieren; jedenfalls kommt auch das hieraus Resultierende in die Sauce. Ente mit Sauce und Scheiben auftragen.

Es ist eine Sauarbeit, aber einmal im Jahr lohnt es sich.

Zum **Geflügelbraten** fällt vielen Autor/inn/en ein, er werde um so besser, je mehr er begossen werde, nach Möglichkeit abwechselnd mit eigenem Saft und kaltem Salzwasser (z.B. Lilo Aureden, Peter Fischer).

Viele Einfälle auch zur **Geflügelfülle:**

1. Kastanien (mit in Butter karamelisiertem Zucker, Mehl und Bouillon vorgekocht).

(Peter Fischer: für Ente)

2. Kastanien und Äpfel.

(Lilo Aureden: für Gans)

3. Speck, Zwiebel, Knoblauch, Croutons – Salz, Pfeffer, Rosmarin, Thymian, Salbei.

(Peter Fischer: für Huhn)

4. Obiges mit Äpfel und Rosinen.

(Peter Fischer: für Truthahn)

5. Gewürzte Oliven.

(Johann Rottenhofer: für Ente)

6. Kastanien in Bouillon und Rosinen.

(Eugenie Erlewein: besonders für Gans)

Womit mein Fleischkapitel zu Ende wäre und Fragmente zu einer Synthese hinsichtlich der Beilagen, Suppeneinlagen etc. anstünden:

Pofesen: Semmel in Schnitten schneiden, in Milch einweichen, in Eier tauchen, in Schmalz gelb herausbacken.

Varianten:

1. Mit Hirn oder Haschee zusammen salzen – jeweils zwei und zwei zusammen herausbacken.

2. Ebenso mit in Butter mit Petersilie gedünsteter Fischmilch.

(frei nach Katharina Prato)

Gefüllte Brötchen: Brötchen aushöhlen, mit Sardellenbutter, gehacktem Schinken, Kaviar, gewürfelter Zunge, gehacktem Eiweiß/Eigelb »in regelmäßiger Abwechslung« füllen.

Variante: Gefüllte Brötchen können auch mit rohem Ei verschlossen und in siedendem Fett herausgebacken werden.

(frei nach Katharina Prato)

Backerbsen: Mehl, Ei, Milch, etwas Öl, Salz glattrühren in zischend heißes Backfett tropfen lassen, braun backen.

Strohkartoffeln: Kartoffeln in strohdünne Streifen schneiden, abtrocknen, ins siedende Backfett streuen.

Semmelknödel: Gehackte Zwiebel und Petersilie in Butter dämpfen, gewürfelte altbackene Semmeln dazugeben, mit warmer Milch übergießen, in der ein Ei verrührt worden war. Darüber Mehl stäuben und Knödel formen, die im kochenden Salzwasser 10 Minuten garziehen müssen.

Tirolerknödel: Statt Zwiebel und Petersilie fein geschnittenes Selchfleisch nehmen.

(alle frei nach Marianne Piepenstock)

Fridatten: Milch, Ei, Mehl, Salz versprudeln, daraus in heißem Fett dünne Palatschinken herausbacken, die zusammengerollt und nudlig geschnitten werden.

(frei nach Elisabeth Schandl)

Getreidespeise mit jeweils einer Hülsenfrucht und Salat/Käse/Dickmilch/Obst zu Tisch geben – vor dem Servieren Olivenöl über das fertige Gericht gießen.

(frei nach Claude Aubert)

Überhaupt lohnen, in der Eile, die oft als sektiererisch gescholtenen **Getreidespeisen** ein rasches Brainstorming, als dessen Resultat nicht mehr kenntlich wäre, ob es sich nun um ein Projekt der Nouvelle Cuisine, Makrobiotik oder gar um eine Erinnerung an eine Regionalküche handelte:

- Hirse mit rotem Kaviar oder Taramosalata
- Haferbrei oder Naturreis, mit Sauce Aioli überstrichen
- Bouillon mit Buchweizensterz
- Polenta mit Tapenade und gedünsteten Rindfleischstreifen
- Naturreis mit Kastannienituke
- Vollkornteigwaren mit Olivensauce, Kapernsauce…
- Vollkornbrandteigkrapfen mit Käse- oder Fischfüllungen, mit Schinkenmousse…
- Haferbrei mit Krabben und gebratenem Spinat
- Grieß mit Couscous-Sauce
- Getreidebrei mit Tintenfischragout

Aus dem letztgenannten ergibt sich der Übergang zu den Entrées fast zwanglos. Beginnen wir gleich mit einem Tintenfischragout:

Tintenfisch provencale: Zwiebeln, Öl, Knoblauch, wie gehabt – Tintenfisch in Streifen/Scheiben, Salz, Pfeffer, Tomaten; Weißwein, Bouquet garni. Das ist die ganze Zauberei.

(frei nach Raymond Oliver)

Gänseweißsauer (auch eine Sauarbeit für einmal im Jahr): Schweine- und Kalbsfüße in Wasser kalt aufsetzen, eine Stunde kochen, das Gänsefleisch hinzufügen, salzen. Im Laufe des Kochvorgangs Essig, Lorbeerblatt, Pimentkörner, Pfefferkörner, Petersilienwurzel, Zeller, Karotten, Zwiebel hinzufügen. Ist das Gänsefleisch weich, entbeinen, in die Form schichten, die Brühe abseihen, entfetten, abschmecken, über das Fleisch gießen. Über Nacht stocken lassen.

(frei nach Eugenie Erlewein)

Dies ist eine Art strukturell gültigen Rezepts für alle salzigen und gesulzten Gerichte (so habe ich z.B. 1973 zu meinem Polterabend gesulzte Bohnensprossen bereitet) – wobei ich nicht verhehle, zum Sulzen Agar-Agar (Reformhaus) zu nehmen, wenn mir der Angang mit den Tierfüßen zu groß ist (und für Vegetarier ist dies ohnehin die einzige Alternative).

Von der Tempura war schon oben die Rede – als **Sam-Sing-Tempura** (Huhn, Schinken, Krabben) gibt diese auch ein brauchbares

Entreé ab. Rottenhofer kennt die Frucht-Tempura, mit allen möglichen Obstarten, als »Beignets«.

Roher Schinken mit frischen Feigen.

(Marianne Piepenstock)

Schinkenmousse: Feingehackter Schinken mit Butter-Mehl-Einbrenn, Madeira, Eigelb und Eischnee.

(frei nach Lilo Aureden)

Variante: Feingehackter Schinken mit Mayonnaise, Senf, Essiggurken. Mit Gurken- und Eischeiben verzieren.

(frei nach Elisabeth Schandl)

Bücklingscreme: Bücklinge entgräten, passieren, Mayonnaise, Senf; mit Eischeiben, Kapern, Croutons verzieren.

(frei nach Elisabeth Schandl).

Sardellencreme: Sardellen, Zwiebel und harte Eier feinhacken und gut mischen.

(frei nach Marianne Piepenstock)

Diese Speise gerät schon in unmittelbare Nachbarschaft zu den jüdischen **Eierzwiebeln:** Geflügelleber, sofern vorhanden, in Geflügelfett »mehr sachte köcheln als braten«. Zusammen mit einem harten Ei pro Person samt dem Geflügelfett zuerst mit dem Messer, dann mit der Gabel zerhacken und zerdrücken. Mit einem Eßlöffel feingehackter Zwiebel pro Person, Salz und weißem Pfeffer mischen.

Varianten:

1. Wenn Geflügelfett frisch ausgelassen wurde, die Grammeln dazugeben.

2. Geflügelfett durch Mayonnaise ersetzen.

(frei nach Salcia Landmann)

Verschiebt sich das Mengenverhältnis zwischen Geflügelleber und hartem Ei, so wird aus der Speise **gehackte Leber,** deren Bereitung indes gleich bleibt.

(frei nach Saleia Landmann und Veronika Müller)

Eier in gelber Sauce nach Art der Philippine Welser: 6

geteilte harte Eier in einer Sauce aus bitterer Orangenmarmelade, scharfem Senf, Rotwein und gehackter Zwiebel bei milder Hitze ziehen lassen.

(frei nach Jürgen Fahrenkamp)

Womit mir noch gerade rechtzeitig einfällt, daß ich ein so zentrales Thema, wie es die kalten und die warmen Saucen in der Küche bedeuten, bislang sträflich vernachlässigt habe.

Mit den kalten Saucen beginnend, wird es aller Voraussicht nach nicht notwendig sein, zu erklären, was eine Mayonnaise ist – daß diese aus Eigelb und Öl in möglichst gleicher Temperatur gerührt und mit Salz und etwas Zitronensaft oder Senf gewürzt wird, dürfte allgemein bekannt sein.

Eduard Brecht jedoch, beispielsweise, kennt jede Menge von Mayonnaise-Varianten, indem er bei seiner Analyse der Mayonnaise strukturell vorgeht: »Jede Mayonnaise besteht aus 4 Grundelementen: 1. Fett, 2. Dickungs- und Versteifungsmittel, 3. Säuerungsmittel, 4. Würzmittel«

Entsprechend kennt er Mayonnaise auf der Basis von

– nicht nur allen Ölen, sondern auch Reformmargarinen und Nußmusen

– nicht nur Eigelb, sondern auch Topfen, Sojapaste, Gervais, Schafskäse, Streichkäse, gemahlenen Nüssen, Tomatenmark, pulverisiertem Agar-Agar.

Demgegenüber ist dann die Verwendung von Obstessig, Curry, Kren etc. sekundär. Ich finde, Eduard Brecht übertreibt. Ein Produkt aus Tahin und Gervais zum Beispiel, mag eine ebenso exzellente wie kreative Creme darstellen. Eine Mayonnaise ist es ebensowenig wie der Liptauer (auf den die Begriffsbestimmung idealtypisch zufiele).

Die nächste Schwierigkeit besteht darin, die kalten Saucen eindeutig voneinander zu differenzieren. Jede/r Kochbuchautor/in schreibt was anderes. So entspricht z.B. die Remouladensauce Peter Fischers der Tatarensauce Victoria Serras, die Remouladensauce Marianne Piepenstocks der Tatarensauce Elisabeth Schandls.

Letztlich werde ich mich an der Differenzierung Katharina Pratos orientieren, auch wenn sie sich ebenfalls nicht eindeutig äußert: bei den Ausführungen zur Vorratshaltung wird die klare Unterscheidung wieder vermischt (Prato/1411). Also gilt mir als:

Sauce Remoulade: Mayonnaise mit Senf,Essig, Pfeffer, Salz und feingehackten Kräutern gut vermengen.

Sauce Tatare: Mayonnaise mit feingehackten Kapern, Gewürzgurken, Sardellen und Eidottern sowie mit Senf, Essig und Pfeffer gut vermengen.

Varianten:

1. Rahm hinzufügen.
2. Worcestersauce hinzufügen.
3. Schalotten oder feingehackte Zwiebeln hinzufügen.

(frei nach Lilo Aureden, Eduard Brecht, Peter Fischer, Marianne Piepenstock, Katharina Prato, Sigrid Press, Elisabeth Schandl)

Grüne Mayonnaise: Mayonnaise mit Spinatsaft färben.

Variante: mit Spinatsaft sowie mit Kresse, Kerbel, Petersilie, Estragon, die im Mixer entsaftet werden.

(frei nach Maurice Méssegué, Johann Rottenhofer, Elisabeth Schandl)

Indische Mayonnaise: Eidotter, Öl mit Gelbwurz, Cayennepfeffer, Essig und Senf würzen.

(frei nach Johann Rottenhofer).

Variante: Obers mit Curry, Ingwer, Pfeffer, Kräutersalz, Piment, Zwiebelpulver, Knoblauch, Senf, Öl, Zitronensaft, Cayennepfeffer und Kren im Mixer vermischen.

(frei nach Barbara Rütting, die sich an E. Brecht orientiert)

Frankfurter grüne Sauce: Dotter und Öl zu einer glatten Masse rühren, mit Joghurt vermischen. Feingehackte Kräuter (Petersilie, Kerbel, Schnittlauch, Kresse, Dill, Estragon, Liebstöckl, Borretsch, Pimpernell, Sauerampfer, eventuell Spinat) hinzufügen, dazu dann Salz, Pfeffer, Muskat, Knoblauch und Senf. Zuletzt Rahm und gehacktes Eiweiß hinzufügen.

(frei nach Lilo Aureden)

Maltesersauce: Mayonnaise mit frisch gepreßten Orangensaft und geriebener Orangenschale vermischen.

Schnittlauchsauce: Weißbrot (ohne Rinde) feinschneiden, mit Milch übergießen, mit harten Eiern passieren, Olivenöl der Mayonnaise tropfenweise hinzufügen. Mit Zitronensaft, Worcestersauce, Senf abschmecken. Den gehackten Schnittlauch dazugeben.

(frei nach Marianne Piepenstock)

Sauce Chantilly: Mayonnaise und Schlagobers vermischen.

Sauce Mousseline: Mayonnaise und Eischnee.

(frei nach Raymond Oliver)

Sauce Aurore: Mayonnaise und Tomatenmark.

Pesto: Im Mörser (oder Mixer) werden Petersilie, frisches Basilikum (!), Knoblauch, Parmesan, Pecorino (bzw. Schafskäse, oder Mozarella), Öl, Zitronensaft, Salz und Pfeffer (evtl. auch Pignoli) gemischt.

(frei nach Katinka Mostar)

Essigkren: Geriebenen Kren (eventuell mit etwas Bouillon übergießen) mit Weinessig, Salz, Pfeffer, etwas Öl vermischen.

Apfelkren: Auch noch 1–2 feingeriebene Äpfel untermischen.

Pomeranzenkren: Statt Essig und Äpfel den Saft und die abgeriebene Schale von 1–2 Orangen untermischen.

Eierkren: 1–2 feingehackte Eier untermischen.

(frei nach Marianne Piepenstock und Katharina Prato)

Die warmen Saucen betreffend, kannten feudale und großbürgerliche Küche einen Kanon von Grundsaucen, aus welchen dann zum einem die detaillierten Saucen gefertigt wurden. Auch Fleischextrakt, Jus, Glace, Aspik waren mehr oder minder Sonderfälle dieser Saucengrundbereitung. Vereinfachte Versionen, etwa der **Spanischen Sauce,** finden sich auch heute noch in historisierenden Kochbüchern:

Gehackte Kalbsknochen werden in Kalbsfett braun angeröstet; Hinzugefügt werden fein gewürfelte Zwiebeln, Karotten, Zeller, Petersilienwurzel. Das Röstgut wird mit etwas Mehl überstäubt, und dieses unter Rühren gebräunt, dann wird mit wenig kaltem Wasser abgelöscht und mit Bouillon aufgegossen. Stundenlang einkochen lassen, passieren.

(frei nach Jürgen Fahrenkamp)

Variante: Weiße Rüben mitwürfeln; mit Wasser, Weißwein und Tomatenmark ablöschen. Auch gehackte Geflügel- und Schweinsknochen können mitverwendet werden.

(frei nach Raymond Oliver, Marianne Piepenstock)

Diese Grundsauce ergibt dann zusammen mit Madeira eine **Sauce Madeira,** mit Orangensaft und -schalen eine **Sauce Bigarade.**

(frei nach Raymond Oliver)

Teufelssauce: Braune Grundsauce mit Schalotten, Cayennepfeffer und Weißwein aufkochen und mit Butter montieren.

(frei nach Marianne Piepenstock)

Variante: Mit Tomatenmark, Weinessig, Zwiebel, Tomatenpaprika, Schnittlauch, Petersilie, Zitronensaft, Cayennepfeffer und Worcestersauce.

(frei nach »Moderne Küche«)

Kapernsauce: Braune Grundsauce mit Bratensauce, Speck, Weißwein und Zitronensaft verfertigen, diese mit Kapern, Rahm und Zitronenscheiben aufkochen.

(frei nach Katharina Prato)

Sauce Bordelaise: Suppengrün in Rotwein auskochen, passieren, mit Bouillon aufgießen, Tomatenmark, Cayennepfeffer, Schalotten, Ochsenmarkscheiben, Einbrenn aus Butter und Mehl.

(frei nach Lilo Aureden)

Variante: Rotwein, Schalotte, Thymian, Lorbeerblatt auf die Hälfte einkochen, mit der gleichen Menge spanischer Sauce (bei der zu Beginn auch Fleisch mitgeröstet worden war, mit Weißwein und Tomatenmark) vermischen, 20 Minuten brodeln lassen, passieren, mit Zitronensaft, Ochsenmark, Bratenfonds fertigstellen.

(frei nach Marianne Piepenstock)

Dies ist auch eine geeignete Ersatzsauce für jene pochierten Eier (s.o.), wenn Coq au vin oder Boeuf bourgoigonne ausgegangen sind (siehe auch Raymond Oliver).

Polnische Sauce: In Rotwein gestiftelte Mandeln, Rosinen, Korinthen, Zimt, Nelken aufkochen, mit Butter und Mehl einmachen, mit Zitronenschale würzen.

(frei nach Katharina Prato)

Cumberlandsauce: In Rotwein Julienne von Orangen- und Zitronenschalen, Ribiselmarmelade, Senf, den Saft der Südfrüchte, Pfeffer und etwas Weinessig aufkochen.

Varianten:

1. Senfpulver statt Senf nehmen.

2. Rotwein durch Madeira (oder anderen Dessertwein) ersetzen.

3. Ribisel durch eine andere Marmelade ersetzen (Marillen, Hagebutten, Himbeer, Weichsel...).

4. Mit Ingwer und Cayennepfeffer würzen.

(frei nach Lilo Aureden und Katharina Prato)

Weihwassersauce: Je ein kleines Glas Rosenwasser und Krätzer (Weißwein) mit etwas Ingwer und Majoran einige Minuten kochen lassen, durchseihen.

(nach Maurice Mésségué)

Sauce Hollandaise: Eigelb und Butterflöckchen mit dem Schneebesen in Wasserbad schlagen, mit Zitronensaft, Salz, Pfeffer, Muskat abschließen.

(frei nach Lilo Aureden)

Variante: Bouillon, Estragonessig.

(frei nach Katharina Prato)

Sauce Béarnaise: Essig und Weißwein mit gehackten Schalotten, Estragon, Kerbel, Salz, Pfeffer, Thymian und Lorbeerblatt brodeln lassen, auf die Hälfte einkochen. 3 Eigelb mit 1–2 Eßlöffel Wasser verrühren und mit dem Schneebesen darunterschlagen, ebenso ein Stück Butter. Eventuell mit Kerbel, Paprika, Zitronensaft nachwürzen.

(frei nach Marianne Piepenstock und Lilo Aureden)

Variante: Zum Schluß gehackte Kapern, Gewürzgurken, Perlzwiebeln, Oliven, Pfefferoni und Tomaten hineinhacken.

(frei nach Barbara Rütting)

Sauce Soubise: Zwiebel in Streifen schneiden, in Bouillon dünsten, mit Butter und einer Rahmsauce legieren.

(frei nach Marianne Piepenstock)

Dillsauce: Mehl in Butter anlaufen lassen, langsam kalte Milch dazufügen, 15 Minuten köcheln lassen, 2 gequirlte Dotter, Salz und Muskat hineingeben. Dill in wenig Butter dünsten, mit Zwiebel, Pfeffer, Zitronensaft anreichern, in die Sauce einrühren, und mit einer reichlichen Zugabe von Rahm abschließen.

(frei nach Wolf Neuber)

Die bis zur Festigkeit eingekochte Grundsauce ist dann die **Glace** (»Suppenzeltel«, wie es die Prato nennt), die in Suppen und Saucen eingerührt werden kann.

Aspik:

1. »dunkel«: Wurzeln ,Fleisch und Leber anbraten, bevor die Brühe gekocht wird – »licht«: nicht anbraten.

2. »hellrot«: Rote-Rüben-Saft zum lichten Aspik geben – »granatfarben«: ebenso zum dunklen.

(alle frei nach Katharina Prato)

3. Rindsknochen, Rindfleisch, Kalbsfuß, Schwarte, Suppengrün, Lorbeerblatt, Salz, Weißwein.

(frei nach Theodor Böttiger)

4. Bouillon, Madeira, Weinessig, Agar-Agar.

(frei nach Marianne Piepenstock)

Schließlich die Desserts. Wiederum kann die Darstellung nur exemplarisch erfolgen und nicht, wie in herkömmlichen Kochbüchern, auf Hunderten von Seiten. Und das mit gutem Grund: der Großteil der Kochbücher (etwa des berühmten Gaston Lenôtre) weist sich durch exzessiven Gebrauch des Industriezuckers aus – während ich mich bemühe, diesen, so gut es geht, zu vermeiden.

Zunächst einige salzige Desserts:

Indischer Joghurt: Mit Kardamon und Safran, oder auch mit Kreuzkümmel, würzen.

(frei nach Sigrid Press)

Grammelpogacsen: Grammeln und Mehl miteinander verkneten, Mehl mit einem Eigelb, Salz, Rum und Rahm zu einem Teig formen und 2 cm dick ausrollen. Den Grammelteig darauflegen, über den anderen Teig ausrollen. Wie ein Blatt Papier dreimal zusammenlegen,

10 Minuten ruhen lassen, ausrollen, zusammenlegen, noch zweimal wiederholen. Plätzchen ausstechen, mit Ei bestreichen und bei starker Hitze im Backrohr ausbacken.

(frei nach Kata Szander-Blechschmitt und Katharina Prato)

Topfenfleckerln: Aus Mehl und Eiern Fleckerln bereiten, abstechen, in siedendem Salzwasser kochen, abspülen, in heißem Fett abschmelzen. Mit zerbröckeltem Topfen, Rahm und Grammeln zu Tisch geben.

(frei nach Károly Gundel)

Liptauer: Brimsen (Schafstopfen), Butter, Senf, gehackte Kapern, Schnittlauch, passierte Sardelle vermischen und mit Paprika überpudern.

(frei nach Marianne Piepenstock)

Liptauer auf indische Art (Eigenkomposition): Topfen mit Butter, Joghurt, selbstgemischtem Curry, Zwiebeln, Eidottern, feingewürfelten Äpfeln, Essiggurken, Tamarinden, gehackten Nüssen vermengen und glattrühren.

Was die Desserts, die süß sein sollen, betrifft, sind die Möglichkeiten der Fragmente zur Synthesebildung noch lange nicht ausgeschöpft. Honig, Süßholz, Sirup (Ahorn, Rübenkraut) werden oft angeführt. Eine Reihe von Süßspeisen gewinnt ihre Süße aus den beigegebenen Früchten. Meine eigene Lieblingsmöglichkeit besteht darin, Rosinen, Datteln, Feigen oder andere Trockenfrüchte zu zerkleinern, mehrere Tage in einer Kochflüssigkeit zu marinieren und anschließend zu pürieren. Leider habe ich dies erst an wenigen Desserts ausprobiert, jedoch erscheint es mir als machbar, dies im Laufe der Zeit auf den Großteil der Desserts zu übertragen.

Eine idealtypische Süßspeise hat Maurice Mességué in seinem Rezeptteil angeführt – allerdings glaube ich nicht, daß ich je den Nerv haben werde (und die Obstreste und das Holzfeuer), sie zu bereiten.

Traubenmus: Traubensaft (Reste) in einem großen Kessel aufs Feuer setzen. Die Reste, etwa von bei der Ernte geplatzten Früchten – Mességué nennt Äpfel, Birnen, Quitten, Zwetschken, Feigen, aber auch Melonen, Kürbis, sogar grüne Tomaten und Karotten – schälen, in kleine Würfel schneiden, in den sacht vor sich hin kochenden Traubensaft geben (zuerst die härtesten, zuletzt die reifsten Früchte). Mit beiden Händen mit einem großen Holzstab im Brei herumrühren – das kann bis zu 3 Tagen dauern. Wenn das Mus gar ist (dunkelbraun, und so dick, daß sich der Holzstab nicht mehr bewegen läßt), Löffel für Löffel in Gefäße schöpfen. Zum Teil mit frisch gehackten Mandeln und Armagnac abschließen.

Variante: Den Saft im Kessel auf kleinem Feuer solange verkochen lassen, bis dieser auf ein Viertel seines Anfangsvolumens geschrumpft ist.

Variante: Apfel- oder Birnenmost statt Traubensaft nehmen. Das wäre das ideale Süßungsmittel, aber wann steht das schon zur Verfügung?

Dieser Vorbehalt ist mitzubedenken, wenn in der Folge doch noch der Zucker verwendet wird.

Liwanzen: Germ und lauwarme Milch in einer Schüssel dickflüssig rühren, mit Mehl überstäuben, zugedeckt an einem warmen Platz gehen lassen.

Wenn dieses Dampfl gestiegen ist, Mehl, Süßungsmittel, abgeriebene Zitronenschale, Muskatnuß, Salz hinzufügen, unter Rühren Milch und verquirlte Dotter zu einem flüssigen Teig hineinverarbeiten. Diesen nochmals gehen lassen. Wenn er zur doppelten Höhe gestiegen ist, 2 Eischnee hineinrühren, und ihn ein drittes Mal gehen lassen. Mit einem kleinen Schöpfer Teile des Teiges in heiße Butter gleiten lassen, ausbacken und mit Zimt, Marmelade, Topfen zu Tisch geben.

(frei nach Wolf Neuber)

Topfen (Ricotta) mit Marsala begießen. Fertig!

(Manuel Gasser)

Reis Trautmannsdorf: Reis mit Milch oder Obers, mit Süßungsmittel, Salz und Vanille (Schote) bei leichter Hitze langsam weich kochen. Verschiedenartige kandierte und getrocknete Früchte grob hacken. Agar-Agar mit steifgeschlagenem Schlagobers und Maraschino vermischen und, ebenso wie die kandierten Früchte, unter den Reis unterziehen. In einer kalt ausgespülten Puddingschüssel kalt stellen, erstarren lassen und nach mehreren Stunden stürzen. Mit kandierten Veilchen verzieren.

(frei nach Johann Rottenhofer und Sigrid Press)

Grießflammeri: Grieß kochen, mit Süßungsmittel, Marillenmarmelade und Zitronensaft vermischen, kühlen, erstarren lassen.

(frei nach Elisabeth Scheßwendter, persönliche Mitteilung)

Kirschflammeri: Grieß oder Stärkemehl, Wasser, Weißwein, Sauerkirschen, Zitronensaft.

(frei nach Sigrid Press)

Mandelsulz: Mandelmilch (aus Milch oder Obers und geriebenen, geschälten Mandeln durch Überbrühen herstellen, abkühlen lassen) mit Orangenblüten- oder Rosenwasser, Parfait d'Amour, Maraschino würzen, Agar-Agar einrühren, erstarren lassen.

(frei nach Johann Rottenhofer)

Rosencreme: Rosenwasser mit der gleichen Menge Obers aufkochen, verrührte Eigelb unterziehen, eisgekühlt servieren.

(frei nach Maurice Méssegué)

Buttercreme: Pürierte Rosinen mit Eigelb verrühren, mit vanilleschotenextrakt verrühren, weiche Butter damit aromatisieren.

(frei nach Raymond Oliver)

Kaffeecreme: Feigen in kleine Würfel schneiden, mit starkem Kaffee übergießen, mehrere Tage marinieren, pürieren, mit Eigelb und Butter bis zur Cremekonsistenz verrühren.

(Eigenkomposition)

Zimtmousse: Rosinen mehrere Tage in Jamaika-Rum marinieren, pürieren. Butter und Eigelb mit dem Rosinenpüree verrühren, kräftig mit Zimt würzen, geschlagenes Schlagobers und geschlagenen Eischnee unterziehen, kalt stellen. (Eigenkomposition – Quellen im »Zimteis« des Johann Rottenhofer, bei Gaston Lenôtre, beim Zimtparfait des »Erbprinz zu Ettlingen«)

Zabaione: Aus Eigelb und Marsala eine konsistente

Creme rühren, steifen Eischnee und Schlagobers unterziehen. Soll sie geeist sein, ins Tiefkühlfach. (Toulouse-Lautrec rührt einfach Eigelb, Wein und Zucker mit dem Schneebesen im Wasserbad).

Diplomatencreme: Marzipan, Eigelb und gehackte kandierte Früchte verrühren, Schlagobers unterziehen. Soll sie geeist sein, ins Tiefkühlfach.

Marillenbecher Wachau: Kleingeschnittene Marillen mit Schlagobers und Rum vermischen.

(frei nach Sigrid Press)

Marillen-Chantilly: Marillen klein schneiden, 10 Minuten dünsten, mit Maraschino und Schlagobers und gehackten Mandeln vermischen.

Orangenmarille Chantilly: Getrocknete (ungeschwefelte) Marillen überbrühen, aufweichen, zerkleinern, mit Saft und Schale mehrerer Orangen kochen, Schalen entfernen, pürieren, mit Cointreau, Schlagobers und gehackten Mandeln vermischen.

Paradiesesfreude: Orangen aushöhlen. Das Fruchtfleisch hacken, mit gehackten Feigen, Ananas, Datteln, Weintrauben in Sherry marinieren, wieder in die Orangen einfüllen, mit Schlagobers garnieren.

(frei nach Marianne Piepenstock)

Erdbeeren Romanoff: Erdbeeren mit Kirsch oder Maraschino marinieren, mit Schlagobers garnieren (frei nach Sigrid Press).

Feigensalat: Feigen und anderes Dörrobst fein würfeln, mit Zitronensaft, Fruchtsäften, Rum oder Arrak oder Cognac marinieren.

(frei nach Sigrid Press)

Erdbeeren: Mit Marsala, Zitronensaft, Schlagobers.

(frei nach Veronika Müller)

In Portwein marinierte Feigen: Feigen mit Wasser, Zimt, Nelken, Zitronenschale aufkochen, mit Portwein übergießen, auskühlen lassen, die Hälfte der Flüssigkeit durch Portwein ersetzen.

(frei nach Manuel Gasser)

Obstsalat: Kleingewürfelte Birnen, Äpfel, Zeller, Weintrauben (halbiert), Orangen, Mandarinen mit einer Marinade aus Rahm, Weinbrand und Pernod versehen.

(frei nach Martin Ledermann)

Datteln mit einem Teig aus geriebenen Mandeln und Rosenwasser füllen.

(frei nach Johann Rottenhofer)

12. Gemeinsam essen

Dem auslandsösterreichischen Gastrosophen Peter Jirak verdanke ich die Wahrnehmung des Insistierens darauf, daß ein großer Teil der historisch gewachsenen gemeinsamen Mähler Totenmähler gewesen seien (und sind); wie auch das Fest zur petrifizierenden Feier erstarrt ist. Bei Freud essen die Söhne rituell den gemeinsam erschlagenen Vater. Der antike Mythos kennt jede Menge Mähler, die um den Tod kreisen, bis hin zum Verzehr der eigenen Kinder im Umkreis der Atriden (noch Johann Nestroy wird diesen Topos in seinem »Häuptling Abendwind« parodieren). Das christliche Abendmahl ist ohnehin ein Totenmahl (»Nehmet hin und esset...«). Daran schließt sich eine nicht endenwollende Kette von Inthronisationsessen, Leichenschmäusen, Hungeraufständen, Grenzerrichtungen gegen das »Essen als lustvolle Überschreitung von Alltäglichkeit« (Thomas Kleinspehn/83) an. Vom Attis-Kult zur Henkersmahlzeit, von der zeremoniellen Bekräftigung des Rechtsakts zu den Luxusverboten reicht diese Kette, und das stilisierte Fest des Lorenzo Strozzi, bei welchem die Fasane und Würste in einem verdunkelten Raum mit Totenköpfen und Skeletten am schwarzen Tische unter Schädeln und Knochen ruhen, stellt nur einen Höhepunkt dieser Tendenz dar (Döbler/126).

Zum Widerspruch gereizt, fand ich nur wenige eindeutige Gegenbeispiele. Dazu zählt wohl das altchristliche Liebesmahl (agape) – und vor allem Charles Fouriers »Die Tafelfreuden in der künftigen Gesellschaft«. Die vergesellschaftete Vielfalt hebt die Widersprüche auf, wird zur schmackhaften, beständigen Selbstfeier der Genossenschaft, deren Leute einander mögen.

Zweimal habe ich ein solches Menü gekocht. Der Einfachheit halber will ich hier die Rezeptsammlung bzw. die Menükarte dokumentieren.

FOURIER-REISTAFEL/KOCHREZEPTE SOMMER 1983

Unter der Mitarbeit von gut 20 Seminarteilnehmer/inne/n haben wir das Essen tatsächlich in 8 1/2 Stunden gemacht; hätten sie nicht (insbesondere zwei) an ihrem freien Tag so engagiert mitgearbeitet, wäre die Verspätung erheblich gewesen.

Von mehreren Esser/inne/n bin ich gebeten worden, für die TAZ die Rezepte zusammenzustellen, was ich hiermit zu tun versuche. Eine Schwierigkeit besteht darin, daß ich so gut wie nie nach exakten Mengenangaben vorgehe; Experiment und Erfahrung ist hier alles.

1. Serie: Suppen (4)

Makrobiotische Misosuppe: 2/3 Paket Miso unter ständigem Rühren in heißer werdendem/kochendem Wasser auflösen; ist dies erfolgt, einige Eßlöffel Tahin (Sesampaste) einrühren. (Miso ist salzig vergorener Sojakäse.)

Grundbouillon für die anderen drei Suppen: In einem großen Topf mit Wasser werden alle Fleischabfälle, die sich bei der Vorbereitung des Essens ergeben, ausgekocht (das Gerippe der Ente, Geflügelklein, Rinderknochen; wir hatten auch die Hammelknochen vom Vortag). In dieser Brühe werden auch das Rindfleisch für den Rindfleischsalat und die Hühner für die Hühnergerichte gekocht. Bei Bedarf bzw. wenn nicht besser nutzbar, kann die Grundbouillon auch durch Gemüseabfälle ergänzt werden. Bei anderen Variationen des Essens kann die Grundbouillon ganz wegfallen; in diesem Fall ist in den folgenden Suppen mit Hackfleisch oder Rindfleisch oder Huhn zu ergänzen.

Indische Linsensuppe (Mulligatawny): Die Linsen werden im Einweichwasser aufgesetzt, mit kochender Grundbouillon aufgegossen und mit Zwiebel, Knoblauch (die auch im Fett vorgeröstet werden können) und Madras-Curry gewürzt. (Der Madras-Curry kann durch eine Mischung aus Gelbwurz, Koriander, Kreuzkümmel, Ingwer, Kardamon, Nelken etc. ergänzt oder ersetzt werden). Salzen und weichkochen. (Bei der Altenmeller Fourier-Reistafel habe ich durchgehend mit Selleriesalz gesalzen.) Wenn alles eingekocht ist, kann mit Zitronensaft, Tamarinden oder Joghurt gesäuert werden.

Gemüsesuppe (Sajor Lode): Zwiebel, Knoblauch, Sambal (indonesische Pfefferschotenmarmelade) in Öl anrösten, Gelbwurz, Koriander, Kreuzkümmel, Ingwer, Galgantwurzelpulver (Laos) hinzufügen, bei Bedarf salzen, mit Grundbouillon aufgießen. Verschiedene Gemüse hineingeben (hier hatten wir frische Erbsen, grüne Bohnen, Blumenkohl; es können auch Karotten, Spargelstücke, Schwarzwurzeln etc. sein), einkochen. Etwa 20 Minuten vor Fertigstellung Kokosmilch (wird durch das Auskochen von Kokosraspeln in Milch, die dann abgeseiht/durchgedrückt wird, hergestellt) hinzufügen. Kann ebenfalls zum Schluß gesäuert werden.

Krautsuppe (Sajor Menir): In Altenmelle habe ich in die verbleibende Grundbouillon nach Entfernung des mitgekochten Fleisches und der Knochen geschnittenes Kraut hineingeworfen sowie Zwiebel, etwas Knoblauch und Salz. Ergibt eine (im Kontrast zu den anderen) ausgesprochen milde Suppe.

2. Serie: Vorspeisen (8)

Avocados halbieren oder (hier) vierteln und mit einer Creme aus miteinander verarbeitetem Schafskäse und Joghurt (besser: Crème fraîche) füllen.

Gefüllte Eier: Eier kochen, halbieren, aushöhlen; die Dotter mit Seelachsschnitzeln verarbeiten und in die Höhlungen einfüllen.

Mandeln in heißem Öl knusprig braten (aufpassen, daß sie nicht verbrennen).

Krabben mit Gurken: Krabben in Öl mit Zwiebel und Knoblauch anbraten, frische Gurkenscheiben hinzufügen, wiederholt wenden, mit Sojasauce abschmecken.

Eier in scharfer indonesischer Milchsauce (Telorpenike): Zwiebel, Knoblauch, Sambal und Ingwer (ich nehme meistens Ingwerpulver) in Öl anrösten. Eier kochen, halbieren und mit der Dotterseite nach unten in die Röstmasse legen. Tomaten ebenfalls halbieren und mit der Schnittfläche nach unten in die Röstmasse legen. Mit Milch aufgießen, bis die Eier vollständig bedeckt sind. Leicht salzen. Die Speise ist fertig, sobald die gesamte Flüssigkeit verkocht ist.

Arabische Kichererbsencreme (Hummus): Kichererbsen einweichen, weichkochen, passieren; mit Zitronensaft, eventuell etwas Knoblauch, Tahin (Sesampaste) und Öl zu einer Creme verrühren. (Falls der Mixer verwendet wird, erst alle anderen Zutaten reingeben und dann langsam die Kichererbsen.)

Frikadellen (Rempak): Aus Rinderhackfleisch, Zwiebel (unter »Zwiebel« verstehe ich hier immer kleingehackte Zwiebel), Knoblauch, Kokosraspeln, Galgantpulver (Laos), Kreuzkümmel, Koriander und Salz Bällchen formen, und diese im heißen Öl anbraten.

Rindfleischsalat: Feingeschnittenes Rindfleisch, Essiggurken, Eier (gehackt), Tomaten (eventuell auch Kapern, Oliven, gekochte braune Bohnen) mit einer Marinade aus Tomatenmark, Salz, Pfeffer, Essig, Öl (eventuell Sambal, Kräuter) gut durchmischen und ziehen lassen.

3. Serie: Zerealien und gekochte Gemüse (12)

(Natur-)Reis: auf die je gewohnte Weise weichkochen.

(Natur-)Hirse: auf die je gewohnte Weise weichkochen.

Indonesische Krabbenfladen (Kroepoek): Die vorgefertigten Fladen in siedendes Öl geben (mittels kleiner Fladen testen, ob das Öl schon heiß genug ist), an ihren Enden mit zwei in entgegengesetzte Richtung gezogenen Gabeln die Ausdehnung der Fladen im heißen Fett vorsichtig unterstützen; sofort aus dem Fett auf bereitgestellte Platten geben (wenn so viele produziert werden wie hier, zuerst abtropfen lassen).

Makrobiotisches Möhrenragout (Nituke): In kleine Scheiben geschnittene Möhren in Öl dünsten, und mit viel Miso und Shoyu (makrobiotischer Sojasauce) abschmekken. Soll sehr salzig sein.

Gebratener Mangold (im Original zwar Spinat, doch

den bekamen wir nicht) entstielen, eine Minute lang durch heißes Fett durchziehen. (eventuell mit Salz, Knoblauch, Muskat würzen).

Mangold in heißem Wasser blanchieren (kurz durchkochen, damit das Gemüse knackig bleibt).

Eissalat in heißem Wasser blanchieren.

Weißkohl in heißem Wasser blanchieren.

Dies geht mit allen Blattgemüsen (Chicoree, Spinat, Löwenzahnblätter...) und heißt auf indonesisch **Gado-Gado.** Denn dazu gibt es eine Gado-Gado-Sauce: Etwas Zwiebel und Knoblauch anrösten und mit Erdnußmus und Sojasauce, eventuell etwas Sambal, Wasser, Zucker, Essig, Trassie (indonesische Krabbenpaste, gibt es in der BRD sehr selten) zu einer sämigen Sauce am Herd verrühren.

Gedünstete Auberginen: Auberginen in Scheiben schneiden und in Wasser, Sojasauce und Marsala (es geht auch Sherry, Malaga oder Portwein; die Asiaten nehmen Sake, (Reiswein) weichdämpfen. Etwas einkochen lassen.

Mango-Curry: Eine Mango zerkleinern und mit Gelbwurz, Zimt, Nelken, eventuell Ingwer, eventuell Muskat kurz durchkochen.

Ausgebackene Gemüse (Tempura): Verschiedene Gemüsestücke (Blumenkohlröschen, Möhrenscheiben, Auberginenscheiben) in Teig/Mehl/Speisestärke wenden und im heißen Fett ausbacken.

Curry-Erbsen: Zwiebel und Knoblauch in Öl anrösten, Erbsen hinzufügen, mit Curry (und/oder Gelbwurz, Koriander, Kreuzkümmel, Kardamon, Nelken...) würzen, fertigkochen, eventuell zum Schluß mit Tamarinden oder Joghurt säuern.

4. Serie: Fleischspeisen (16)

Schwarzes Schweinefleisch (Babi Ketjap): Zwiebel und gewürfeltes Schweinefleisch in Öl rösten, mit Wasser aufgießen, Knoblauch und (ordentlich) Sojasauce hinzufügen. Einkochen, und Erdnußbutter einrühren, bis das Schweinefleisch durch und die Sauce schön dick ist.

Schwarze Ente (Bebek Ketjap): Zwiebel in Öl anbraten. Das Fleisch der Ente von ihren Knochen lösen, in Streifen schneiden und dazugeben. Mit Rotwein aufgießen, mit Sojasauce, Zimt, Nelken, Muskat und eventuell Essig würzen. Einkochen lassen.

Lamm-Curry: Zwiebel in Öl anbraten und gewürfeltes Lammfleisch sowie Blumenkohlrosen hinzufügen. Mit Ingwer, Gelbwurz, Koriander, Kreuzkümmel und Sambal weichkochen, mit Wasser aufgießen, vor Abschluß mit Knoblauch, Salz, Tomatenmark würzen, mit Joghurt säuern.

"Schuhsohlen" (Deng-Deng): Rindfleisch in Scheiben schneiden, in Kokosraspeln wälzen und im heißen Öl herausbacken.

Fisch-Curry (Kerrie von Vis): Zwiebeln in Öl anrösten, mit Wasser aufgießen, in Ringe geschnittenen grünen und/oder roten Paprika und Madras-Curry (und/oder eine Mischung aus Gelbwurz, Koriander, Kreuzkümmel, Ingwer, eventuell Senfpulver, eventuell pulverisierter Orangenschale) hinzufügen, salzen, die Fischfilets hineinlegen und fertig ziehen lassen, mit Petersilie garnieren.

Herz mit Bohnensprossen: Rinderherz in Streifen schneiden und in Öl fast fertig braten. Danach Bohnensprossen hinzufügen und mit Sojasauce fertig machen.

Leber mit Auberginen: (hätte ich welche bekommen, hätte ich lieber Nieren genommen) Leber in Streifen schneiden und in Öl fast fertig braten. Danach in Scheiben geschnittene Auberginen hinzufügen und mit Sojasauce fertig machen.

Ananashuhn: Huhn vorkochen, auslösen und in Streifen schneiden. Zwiebeln, Sellerie, Ananas klein schneiden, in Öl dünsten, aufgießen (Wasser oder falls vorhanden den Hühnerbouillon), Sojasauce, fertig kochen.

Tintenfisch-Curry: Zwiebeln und Knoblauch in Öl glasig dünsten, in Streifen geschnittene Tintenfische hinzufügen, mit Gelbwurz, Kreuzkümmel, Koriander, Ingwer, Nelken, Zimt (eventuell Kardamon, eventuell Senfpulver) würzen, etwas Wasser aufgießen, salzen.

Süßsaurer Fisch: Fischfilet in Würfel oder Streifen

schneiden, in Stärkemehl wenden, in Öl braten. Eine Sauce aus Zucker (hier habe ich Vanillezucker genommen), Essig, Marsala (oder Sherry/Malaga/Portwein/ Reiswein), Ingwermarmelade und feingehackten Mixed Pickles (ich habe hier Gewürzgurken genommen) 5 Minuten aufkochen und vor dem Auftragen über den Fisch gießen.

Schweinefleisch mit Gemüse: Schweinefleisch in Würfel schneiden, in Öl braten. Gemüse hinzufügen (hier gab es in Scheiben geschnittene Gurken, Bohnensprossen und Kemiri-Nüsse – eine Art indonesische Haselnüsse; denkbar wären auch Spargel, geschälte Schwarzwurzeln, Bambussprossenstreifen), und mit Sojasauce fertig machen.

Knoblauchschweinefleisch: Fettes Schweinefleisch wird in kleine Stücke geschnitten und mit viel Knoblauch und Obstessig mariniert (mehrere Stunden). Weichkochen (vorher salzen), bis die Flüssigkeit sich verflüchtigt hat und das Fleisch sich auszubraten beginnt.

Rindsragout mit Zimt (Oaging Semeor): Zwiebeln, Knoblauch und Rindfleischwürfel in Butter anbraten, mit wenig Wasser aufgießen, mit viel Zimt würzen, einkochen lassen, salzen oder Sojasauce.

Rind in Kokosmilch (Gulai Bagar): Zwiebeln und Knoblauch in Öl anrösten, in Streifen geschnittenes Rindfleisch, Sambal, Gelbwurz, Koriander, Ingwer, Nelken, Zimt, Salz hinzufügen, mit Kokosmilch aufgießen, fertig kochen.

Tintenfisch in Marsala (Tjumi-Tjuni-Tjika): In Streifen geschnittenen Tintenfisch solange in Öl anbraten, bis er sich ringelt. Zwiebeln, Knoblauch, Marsala, Salz und Tomatenstücke hinzufügen und ca. 10 Minuten weiterkochen.

Huhn mit Kastanien: Das ausgelöste und in Streifen geschnittene vorgekochte Huhn mit Marsala, Sojasauce, Zucker und Salz dünsten, Kastanien hinzufügen, eventuell etwas Ingwermarmelade, einkochen.

5. Serie: Salate und Sambals (12)

Gurken-Pickles (Atjar): Gurke in Streifen etwa von Größe und Dicke des kleinen Fingers schneiden. Eine Marinade aus Essig, eventuell Öl, Zwiebeln, Zucker, Lorbeer, Nelken und Gelbwurz ca. 3 Minuten lang aufkochen und darübergießen.

Gemüsesalat (Rudjak van groenten): Gurke, Rettich in Scheiben, Kohlrabi in Streifen schneiden, dazu aus Sojasauce, Zucker, Essig, Sambal und Salz eine Marinade bereiten.

Obstsalat (Rudjak van vruchten): Dieselbe Marinade für gewürfelte Orangen, Ananas (eventuell auch Grapefruits, Birnen...).

Bohnensambal: Sambal, Knoblauch, Koriander und Zwiebeln in Öl andünsten, mit weißen Bohnen, Wasser, Sojasauce oder Salz halb gar kochen, Kokosmilch hinzufügen, fertig kochen.

Champignonsambal: Champignons in Scheiben schneiden, in Öl dünsten, ordentlich Sambal dazugeben, salzen, eventuell mit Petersilie oder Melisse würzen.

Erdnußsambal: Erdnüsse in Öl anrösten, ordentlich Sambal dazugeben, salzen.

Rosinen in Obstessig marinieren und über Nacht stehen lassen.

Süßer Sambal (Sambal manis): Gurke und Tomaten in Würfel schneiden, mit einer Marinade aus Essig, Sambal, Salz und Zucker vermischen.

Radicchiosalat: Radicchio zerpflücken, mit Essig, Öl, Salz, Zucker marinieren.

Rettichsalat: Rettich in Scheiben schneiden, mit Essig, Öl, Salz, Zucker, Koriander marinieren.

Karottensalat: Karotten in Scheiben schneiden, mit Essig, Öl, Salz, Zucker, Kreuzkümmel marinieren.

Bohnensprossensalat: Bohnensprossen mit Essig, Öl, Salz, Zucker, Zwiebeln marinieren.

6. Serie: Nachspeisen (8)

Blaubeeren mit Joghurt oder Dickmilch oder saurer Sahne oder Crème fraîche vermischen.

Ebenso **Johannisbeeren, Kirschen, Weintrauben.** (Es wäre auch mit Erdbeeren, Himbeeren, Stachelbeeren etc. möglich. Diese Idee stammt von Fourier selbst.)

Walnüsse in Fett anbraten, und mit Honig vermischen.

Gebratene Bananen: Bananen der Länge nach halbieren, zerkleinern, in Fett braten, Rosinen und getrocknete Feigen, wie Datteln (eventuell kandierte Früchte) hinzufügen, eventuell mit Ingwer, Muskat, Zimt, Nelken würzen.

Pfirsich-Chutney: Pfirsiche würfeln, eine Marinade aus Zucker, Essig, Gelbwurz, Rosinen, Ingwer 3 Minuten aufkochen und die Pfirsiche damit übergießen.

Zimtcreme (frei nach dem Zimtparfait des »Erbprinzen« zu Ettlingen): Eiweiß vom Dotter bei mehreren Eiern trennen, mit zerlassener Butter, Honig (im Original: Marzipan) und viel Zimt vermischen, rühren, rühren, rühren, steif geschlagene süße Sahne unterziehen.

7. Serie: Getränke (4)

Zitronenlimonade (Charles Fouriers Lieblingsgetränk); **Grüner Tee** (z.B. Gunpowder); **Rotwein; Bier.**

Einige flapsige Kommentare:

Wenn ich bei indonesischen Gerichten von Sojasauce spreche, meine ich die dicken indonesischen Sojasaucen (z.B. Ketjap asin der Fa. Conimex); für chinesische Gerichte (Herz mit..., Leber mit..., Schwein mit...) empfiehlt sich hingegen eine japanische oder makrobiotische Sojasauce.

Um 64 Gerichte in 8 1/2 Stunden kochen zu können, empfiehlt sich die vorherige Erstellung eines Netzplans. Dieser umfaßt die Einkaufsplanung, die Ablaufsplanung mit besonderer Schwerpunktsetzung auf Zerkleinerungsarbeiten, auf verfügbare Feuerstellen und auf kalter Küche. Der Netzplan ist da, um die Übersicht zu behalten – es empfiehlt sich jedoch, sich nicht sklavisch an ihn zu halten, sondern bei Bedarf flexibel zu sein.

Samstag, 9. Mai 1987, August-Lütgens-Park, Hospitalstr. 107.

Das kleine Essen von und mit Rolf Schwendter, inspiriert von Charles Fourier. Der Tisch wird um 19 Uhr gedeckt .....

MENÜKARTE

Suppen
Bouillon van Dyck
Vegetarische Minestrone

Vorspeisen
Eier gefüllt mit Avocados und rotem Kaviar
– mit griechischem Taramas/Taramosalata
– mit Schafskäse und Crème fraîche

Entrees
Eier in scharfer indonesischer Milchsoße
Rindfleischsalat
Hühnersalat mit Walnüssen
Liptauer auf indische Art

Salate
Rettichsalat
Atjar
Bohnensalat »Salz der Erde«
Sauce Aioli (Knoblauchmayonnaise)
Bohnensprossensalat

Fleischspeisen
Schwarzes Schweinefleisch
Fisch-Curry
Bouillabaisse vom Huhn
Rindfleisch in Rotweinsauce
Nieren in Marsala
Tintenfischringe in Kokosmilch

Gemüse
Blanchiertes Gemüse in Erdnußsauce
Gebratener Spinat
Champignon-Sambal (scharf)
Karotten-Nituke
Gemüse-Tempura (in Backteig ausgebacken)

Zerealien
Gekochter Reis
Hirsebrei
Makkaroni mit Rahmsauce
Kroepock (indonesisches Krabbenbrot)

Desserts
Zimtcreme mit Marzipan
Beeren mit Crème fraîche
Orangenkompott mit süßer Sojasauce

Getränke
Gunpowder Tee
Jasminblütentee

Gesamtpreis DM 28,–

Teilnahme an diesem kleinen Imbiß bitte am Infotisch anmelden und die Knete hinterlassen.

Sicher ist eine solche ausgebreitete Tafel mit 30–70 Gängen der idealtypische Ausdruck des Gemeinsam-Essens: alle können (wahrscheinlich) das essen, was sie wollen; es gibt keine Differenzen (wie zwischen Vegetariern und Karnivoren); alle werden satt; alles ist abwechslungsreich. Freilich ist dies keine Erfindung von Charles Fourier: er ist an der feudalen und großbürgerlichen Küche seiner Zeit orientiert: Carêmes Aufbauten von Gedecken könnten sofort in eine Fouriersche Phalanstère übernommen werden, und noch der bescheidene Hausvater Rumohr kommt mühelos auf ein Ensemble von 25 Schüsseln, und dies für den alltäglichen Gebrauch. Die Innovation – und die agapeische Dimension – Fouriers besteht nicht darin, diese Art, gemeinsam zu essen, erfunden, sondern darin, sie demokratisiert zu haben.

Aber ich will daraus kein Dogma machen. Auch mit der uns vertrauteren Struktur des mehrgängigen Menüs läßt sich der Alltag überschreiten. Dokumentiert sei beispielsweise das von mir gastronomisch verantwortete Essen für Peter Nebenführ am Palmsonntag 1965:

1. Gang: Gefüllte Eier mit Tapenade.

2. Gang: Tomatensuppe nach Art der Gasconge.

3. Gang: Kreolischer Thunfisch. (Inhalt einer Thunfischdose eine Stunde in Zitronensaft marinieren; in einer Pfanne Öl mit Zwiebeln, Knoblauch, Thymian, Nelken, Chili, Muskatnuß, Zimt andünsten und mit Fisch samt Marinade aufkochen lassen.)

4. Gang: Babi Ketjap.

5. Gang: Mixed Chop Suey. (Verschiedene Fleischsorten in Streifen getrennt voneinander anbraten, zusammenfügen, mit Bambusscheiben, Champignons und Bohnensprossen, dann mit Sojasauce und Malaga abschließen.)

6. Gang: Flambierte Spießchen (Hammel, Rind, Schwein, Speck, Leber, Zwiebel, Tomate, Champignonkopf auf Spieße stecken, mit Öl und Chilisauce bestreichen, in die geölte Grillpfanne, wiederholt wenden, mit Weingeist flambieren) mit

– Pommes frites (1965 noch eine Seltenheit)

– Sauce Aioli

– Linsen á la Provence (Linsen, Zwiebeln, Salzwasser, Olivenöl, Knoblauch, Sardellenbutter)

– Fisolen in Tomatenmark (Einbrenn mit Tomatenmark, mit Wasser und Suppenwürfel aufgießen, mehrere Eßlöffel Kren; Fisolen extra weichkochen, in gefettete feuerfeste Form schichten, mit Soße übergießen, Reibkäse – bei Mittelhitze im Rohr überbacken.)

7. Gang: Liptauer à l'Inde.

8. Gang: Orangenmarille Chantilly.
9. Gang: Geeiste Zabaione.

Im Detail ist das gewiß (von meiner heutigen Position aus gesehen) weithin nur noch ein historisches Dokument: Leser/innen dieses Buches werden leicht umkombinieren können, was ich heute anders machte (kein Dosenfisch, kein Flambieren, kein Suppenwürfel...). Als Vorwegnahme des Gemeinsam-Essens erscheint es mir von fortwirkender Aktualität – wie das, wenn ich richtig gezählt habe, 40-gängige Menü, das zu Ende des 18. Jahrhunderts Johann Heinrich Voss in "Dollings Brunnengesellschaft" beschreibt.

Im Kontrast dazu ein schlichtes 5-gängiges Nouvelle-Cuisine-haftes Menü aus dem Jahre 1986, für und mit Margareta Fabian gekocht:

1. Gang: Brandteigkrapfen mit rotem Kaviar und Crème fraîche.
2. Gang: Bouillabaise vom Huhn mit Croutons.
3. Gang: Telor penike.
4. Gang: Huhn aus der Bouillabaise mit Sauce Aioli.
5. Gang: Zimtmousse.

Oder ein Weihnachtsessen aus den achtziger Jahren, bei welchem die Wette darin bestand, ein Menü ausschließlich aus Eigenkompositionen (oder doch wenigstens aus subjektiv als solchen wahrgenommenen) zustande zu bringen:

1. Gang: Avocados mit rotem Kaviar.
2. Gang: Fasan in der Brühe.
3. Gang: Fasanensalat auf roten Linsen.
4. Gang: Pochiertes Rindfleisch mit Räuchergänsebrust.
5. Gang: Igel nach Art des Hauses (zwei Reformhauskuchen, ein Früchtebrot und ein Gewürzkuchen wurden in Scheiben geschnitten, schichtenweise ins Gefäß gelegt, dazwischen Schichten aus Zimtcreme, Marzipancreme

und in Grand Marnier gesottenen, getrockneten Marillen; auf die letzte Cremeschicht kamen gestiftelte Mandeln.)

Ach, leider habe ich verschiedene Essen ungenügend dokumentiert oder kann die Notizen nicht finden; mir macht allein schon der Nachgeschmack beim Wiederlesen und Niederschreiben Freude. Abschließen will ich mit einer Komposition, die ich 1984 für eine Gruppe in Klinberg/Scharbeutz entwarf – in welcher die Gruppennorm in einem Bezug auf vegetarisches Essen besteht:

Die Regenbogenplatte:
– Rot: Naturreis kochen und im letzten Stadium des Kochprozesses mit milchsauer gegorenem Rote-Rüben-Saft versehen.
– Orange: Sauce Aioli.
– Gelb: Kichererbsen-Curry (selbstgemachtes Currypulver).
– Grün: Spinatblätter durch siedendes Öl durchziehen und kroß braten.
– Blau: Zwetschken aus dem Glas entnehmen und in Salzlake marinieren.
– Indigo: Erbsensalat mit Tomatenmark und violetten Zwiebeln.
– Violett: Sauce Tapenade.

Wer sich nun einer Kochkunst widmen will, die von der Weltmarktstrukturküche wegführt und Totenmähler durch Liebesmähler ablöst, gewöhne sich zwar auch an Netzpläne, Reinlichkeit und den Umständen entsprechende Genauigkeit. Er/sie soll aber ruhig Romane und Lyrik lesen, um seine/ihre Kreativität zu stärken, wenn auch Naturwissenschaften, Mathematik und insbesondere Geschichte nichts schaden. Das Üben des Verstandes und der Heilbarkeit, die Stärkung des Gedächtnisses und des Wohlgeschmacks, das Zuführen der in der Kochkunst anwendbaren Kenntnisse und die Intuition, wie beim Gedichteschreiben und beim Blumenordnen – sie alle erscheinen nach wie vor sinnvoll. Übrigens lese er/sie zwar auch mein Buch (dafür habe ich es ja geschrieben), aber auch viele, viele andere Bücher (sehr frei nach Rumohr/273).

Übersetzungen österreichischer Küchenausdrücke ins Deutsche:

Bries	Kalbs(Milch)
Brösel	Weckmehl
Einbrenn	Einmache
Faschiertes	Hackfleisch
Fisolen	grüne Bohnen
Grammeln	Grieben
Karfiol	Blumenkohl
Kastanien	Maronen
Knödel	Kloß
Kohlsprossen	Rosenkohl
Kraut	Weißkohl
Kren	Meerrettich
Marille	Aprikose
Maroni	Kastanien/Maronen
Melanzani	Auberginen, Eierfrüchte
Ochsenschlepp	Ochsenschwanz
Pfefferoni	Pfefferschoten
Pignoli	Pinienkerne
Porree	Lauch
Rahm	saure Sahne
Rote Rüben	Rote Beete
Schlagobers	Schlagsahne
Semmel	Brötchen
Vogerlsalat	Feldsalat
Zeller	Sellerie
Zellerblätter	Sellerieblätter
Zwetschken	Pflaumen

Literaturverzeichnis:

Syed Abdullah, Indische Küche, München 1972.

Michel Abehsera, Zen-Kochbuch, Weilheim o.J.

Wilhelm Abel, Massenarmut und Hungerkrisen im vorindustriellen Europa, 1974.

Claude Aubert, Das große Buch der biologisch-gesunden Ernährung, München – Zürich 1980.

Lilo Aureden, Was Männern so gut schmeckt, München 1954.

Louise Bader, Rund um die Reistafel, München 1966.

Hermann Bausinger, Utz Jeggle, Gottfried Korff, Martin Scharfe, Grundzüge der Volkskunde, Darmstadt 1978.

Hermann Bausinger, Volkskunde, Tübingen 1979.

M. Bircher-Benner, Der Menschenseele Not, 1. Teil Zürich/Leipzig 1929, 2. Teil Zürich/Leipzig/Wien 1933.

Walther Birkmeyer, Der Mensch zwischen Harmonie und Chaos, 2.Auflage, Wien 1975.

Paul Bocuse, Die Neue Küche, 6.Auflage, München 1982.

Clemens von Bönninhausen, Die Homöopathie, Göttingen 1979, (Reprint).

Theodor Böttger, Das Rund-um-die-Welt-Kochbuch, München 1971.

Theodor Böttger, Schlemmerwelt der Vorspeisen, München 1967.

Eduard A. Brecht, Kochbuch, Karlsruhe 1976.

Anthelme de Brillat-Savarin, Physiologie des Geschmacks, Leipzig o.J.

Pearl S. Buck, Oriental Cookbook, London 1972.

Joseph Collins/Frances Moore-Lappé, Der Mythos des Hungers, 3. Auflage, Frankfurt/M. 1980.

CMA (Hrsg.), Spezialitäten aus deutschen Landen, München 1972.

Huguette Couffigual, Die Küche der Armen, Jossa 1977.

Gilles Deleuze/Felix Guattari, Rhizom, Berlin 1976.

Georges Devereux, Angst und Methode in den Verhaltens-wissenschaften, München 1973.

Hannsferdinand Döbler, Kochkünste und Tafelfreuden, München-Gütersloh-Wien 1972.

Eugenie Erlewein, Hauswirtschaftslehre, 30. Auflage, München 1971.

Jürgen Fahrenkamp, Wie man eyn teutsches Mannsbild bey Kräfften hält, München 1983.

Falter (Hg.), Wien, wie es ißt, Wien 1984. (darin: *Rolf Schwendter,* Gastronomie und Ökologie)

Peter Fischer, Schlaraffenland, nimms in die Hand!, Berlin 1975.

Charles Fourier, Theorie der vier Begegnungen, Frankfurt/M.-Wien 1966.

Manuel Gassers, Köchelverzeichnis, Frankfurt/M. 1975.

Klaus Geiger/Utz Jeggle/Gottfried Korff (Red.), Abschied vom Volksleben, Tübingen 1979.

Ina-Maria Greverus, Kultur und Alltagswelt, München 1978.

Grundlagen der chinesischen Medizin, o.O. o.J., (Berlin 1987).

Károly Gundel, Ungarische Kochrezepte, Budapest 1958.

Walter Häcker, Einige Hausrezepte, Wintersbach 1987.

Stefan Hatch/Ilona Kickbusch (Hg.), Self-help and health in Europe, Kopenhagen 1983.

Wolfgang F. Haug, Kritik der Warenästhetik, Frankfurt 1976.

Andreas Hellrigl, Südtiroler Küche, 3. Auflage, München 1972.

Ludwig Hillenbrandt, Bei Casanova zu Gast, München 1966.

James Hillmann/Charles Boer/Sigmund Freud – Mein Kochbuch, Frankfurt/M. 1986.

Christoph Wilhelm Hufeland, Makrobiotik oder die Kunst, das menschliche Leben zu verlängern, Franfurt/M. 1984.

Tien Huu, Vom Reich der Sinne, München 1983.

Ivan Illich, Die Enteignung der Gesundheit, Reinbeck 1976.

D.C. Jarvis, 5x20 Jahre Leben, 19. Auflage, Bern-Stuttgart 1971.

Robert Jungk/Norbert Müllert, Zukunftswerkstätten, Hamburg 1981.

Kim Lan Thai, Indonesisch kochen leicht gemacht, München o.J.

Thomas Kleinspehn, Warum sind wir so unersättlich?, Frankfurt/M. 1987.

Konrad Kölbel, Kräuterfibel, 20. Auflage, Grünwald 1983.

Dieter Kramer, »Wem nützt Volkskunde?«, in: Zeitschrift für Volkskunde 66, 1970, S. 1ff.

Géza Kugler, A Legujabb is Legteljesebb Budapesti Szakácshöny, Budapest o.J.

Salcia Landmann, Bittermandel und Rosinen, München-Berlin 1984.

Salcia Landmann, West-östlicher Küchen-Divan, Stuttgart 1968.

Martin Ledermann, Der schlanke Schlemmer, München 1965.

Claude Lévi-Strauss, Mythologien I. Das Rohe und das Gekochte, Frankfurt/M. 1971.

Rolf Lindner, »Die unbekannte Sozialwissenschaft«, in: Ästhetik und Kommunikation, 42, Jg 11. S: 97ff.

Maria Mathilde Mandl (Hg.), Das Heim von heute, Leipzig-Wien 1928.

Maurice Méssegué, Die Natur hat immer recht, 2. Auflage, Frankfurt/M.-Berlin-Wien 1975.

Karl Marx, Das Kapital Band I, MEW 23, Berlin (DDR) 1969.

Ministerio de Informacion y Turismo, Gastronomie in Spanien, Madrid o.J.

Moderne Küche, Herrsching o.J. (1. Auflage Braunschweig 1978).

Veronika Müller, Festagsgerichte aus aller Welt, München-Zürich 1977.

Katinka Mostar, Eintopfgerichte aus aller Welt, 2. Auflage, München 1981.

Wolf Neuber, Die k.u.k. böhmische und ungarische Küche, München 1980.

Bernd Neuner-Duttenhöfer, Das Vier-Jahreszeiten Kochbuch, München 1980.

Oetker (Hg.), Altdeutsche Kochrezepte, Rastatt 1986.

Oetker (Hg.), Fische und Schalentiere, Rastatt 1986.

Georges Ohsawa, Zen-Makrobiotik, Hamburg o.J.

Raymond Oliver, Das große französische Kochbuch, 2. Auflage, München 1977.

Gert von Paczensky, Feinschmeckers Beschwerdebuch, Reinbeck 1976.

Stephan Pálos, Chinesische Heilkunst, Weilheim 1985.

Marianne Piepenstock, Französische Küche, 4. Auflage, München 1963.

Marianne Piepenstock, Österreichische Küche, 5 Auflage, München 1964.

Marianne Piepenstock, Schweizer Küche, München 1964.

Marianne Piepenstock, Skandinavische Küche, 2. Auflage, München 1965.

Wolfgang Pohrt, Theorie des Gebrauchswerts, Frankfurt/M. 1976.

Katharina Prato, Süddeutsche Küche, 72./73. Auflage, Graz-Wien 1923 (1858).

Sigrid Press, Feine Nachspeisen, München 1964.

Sigrid Press, Das Fisch-Kochbuch, München 1965.

Rézi Néni, Szegedi Szakács Kónyv, Szeged 1876.

Johann Rottenhofer, Anweisungen in der feineren Kochkunst, o.O.o.J. (Reprint).

Barbara Rütting, Mein Kochbuch, 6. Auflage, München 1983.

Carl Friedrich von Rumohr, Vom Geist der Kochkunst, o.O.o.J. (Reprint 2.A. 1932).

Roman Sandgruber, Die Anfänge der Konsumgesellschaft, Wien 1982.

Roman Sandgruber, »Die Einführung der Kartoffel in Österereich«, in: *Ernst Hinrichs/Günter Wiegelmann* (Hg.) Sozialer und kultureller Wandel in der ländlichen Welt des 18. Jahrhunderts, Wolfenbüttel 1982, S. 163ff.

Elisabeth Schandl, Kochbuch für Speisen, die mit Öl zubereitet werden, Wien 1933.

Hannes Schoeller, Exotische Küche, München 1965.

Rolf Schwendter, »Levitationsübungen. Zur Realutopie einer befreiten Technik«, in: Kursbuch 53/1976, S. 73ff.

Rolf Schwendter, »Nahrungsmittel und Naturheilkunde im Kontext sozialer Innovationen«, in: Österreichische Zeitschrift für Volkskunde, Neue Serie XL, Gesamtserie Band 89, Heft 3, Wien 1986, S. 227ff.

Rolf Schwendter, Rede zum Gastrosophischen Symposium der Grazer Autorenversammlung, Wien 1986, (unveröffentlicht).

Rolf Schwendter, Zur Struktur der Zukunft, (unveröffentlicht).

Rolf Schwendter, Theorie der Subkultur, 3. Auflage, Frankfurt/M. 1978.

Victoria Serra, Die echte spanische Küche, Berlin 1964. Spiegel, 49/1985, S. 83ff.

Kata Szander-Blechschmitt, In Ungarn zu Gast, Bielefeld 1972.

Reay Tannahill, Kulturgeschichte des Essens, Wien-Berlin 1973.

Hans-Jürgen Teuteberg, »Die Nahrung der sozialen Unterschichten im späten 19. Jahrhundert«, in: *Dieter*

Langewiesche, Klaus Schönborn (Hg.), Arbeiter in Deutschland, Paderborn 1981, S. 182ff.

Hans-Jürgen Teuteberg/Bernhard, »Wandel der Kindernahrung zur Zeit der Industriealisierung«, in: *Reulecke, Weber* (Hg.), Fabrik-Familie-Feierabend, Wuppertal 1978, S. 185ff.

Hans-Jürgen Teuteberg, »Wie ernährte sich der Arbeiter im Kaiserreich?«, in: *Werner Conze/ Ulrich Engelhard* (Hg.), Arbeiterexistenz im 19. Jahrhundert, Stuttgart 1981, S. 57ff.

Henri de Toulouse-Lautrec/Maurice Joyant, Die Kunst des Kochens, Hädecke 1967.

Heinrich Wallnöfer, Deine Gesundheit, Wiesbaden 1973.

Claudia von Werlhof, »Frauen und Dritte Welt als »Natur« des Kapitals oder: Ökonomie auf die Füße gestellt«, in: *Heinrich Dauber/Werner Sinpfendörfer,* Eigener Haushalt und bewohnter Erdkreis, Wuppertal 1981.

Günter Wiegelmann, »Tendenzen kulturellen Wandels in der Volksnahrung des 19.Jahrhunderts«, in: *Dieter Langewiesche/Klaus Schönhorn* (Hg.), Arbeiter in Deutschland, Paderborn 1981, S. 171ff.

Günter Wiegelmann, Alltags- und Festspeisen, Marburg 1967.

Günter Wiegelmann, »Der Wandel von Speisen- und Tischkultur im 18. Jahrhundert«, in: *Ernst Hinrichs/ Günter Wiegelmann* (Hg.), Sozialer und kultureller Wandel in der ländlichen Welt des 18. Jahrhunderts, Wolfenbüttel 1982, S149ff.

Takeko Yamakaze, Japanische Küche, 2. Auflage, München 1969.

Karl Zehetner, »Das Geheimnis des Pörkölt«, in Seminarzeitung des Theorie Arbeitskreises Alternative Ökonomie, Altenmelle 1983, S 228ff.

Mascha Brüne

Index für Rezepte

213